Reforma Trabalhista em Pontos

De acordo com a Lei n. 13.467/17

(atualizada pela Portaria MTb n. 349/18 e pela Instrução Normativa TST n. 41/18)

1ª Edição — Fevereiro, 2018
2ª Edição — Outubro, 2018

Georgenor de Sousa Franco Filho

*Desembargador do Trabalho de carreira do Tribunal Regional do Trabalho da 8ª Região.
Doutor em Direito pela Faculdade de Direito da Universidade de São Paulo.
Doutor Honoris Causa e Professor Titular de Direito Internacional
e de Direito do Trabalho da Universidade da Amazônia.
Presidente Honorário da Academia Brasileira de Direito do Trabalho.
Membro da Academia Paraense de Letras*

Reforma Trabalhista em Pontos

De acordo com a Lei n. 13.467/17 (atualizada pela Portaria MTb n. 349/18 e pela Instrução Normativa TST n. 41/18)

2ª Edição

LTr®

EDITORA LTDA.

Rua Jaguaribe, 571
CEP 01224-003
São Paulo, SP — Brasil
Fone: (11) 2167-1101
www.ltr.com.br
Outubro, 2018

Projeto Gráfico e Editoração Eletrônica: Peter Fritz Strotbek - The Best Page
Projeto de Capa: Fabio Giglio
Impressão: BOK2

Versão impressa: LTr 6125.0 — ISBN 978-85-361-9843-9
Versão digital: LTr 9477.4 — ISBN 978-85-361-9882-8

Dados Internacionais de Catalogação na Publicação (CIP)
(Câmara Brasileira do Livro, SP, Brasil)

Franco Filho, Georgenor de Sousa

Reforma trabalhista em pontos : de acordo com a Lei n. 13.467/17 (atualizada pela Portaria MTb n. 349/18 e pela instrução normativa TST n. 41/18) / Georgenor de Sousa Franco Filho. — 2. ed. — São Paulo : LTR, 2018.

Bibliografia.

1. Direito do trabalho 2. Direito do trabalho — Brasil 3. Direito do trabalho — Legislação — Brasil 4. Lei n. 13.467, de 2017 — Comentários 5. Medidas provisórias — Brasil 6. Reforma constitucional — Brasil I. Título.

18-20250 CDU-34:331.001.73(81)(094.56)

Índice para catálogo sistemático:

1. Brasil : Reforma trabalhista : Leis : Comentários :
Direito do trabalho 34:331.001.73(81)(094.56)

Maria Alice Ferreira - Bibliotecária - CRB-8/7964

O progresso é impossível sem mudança;
e aqueles que não conseguem mudar as
suas mentes não conseguem mudar nada.

George Bernard Shaw

Para Elza,

compreensão e amor.

Sumário

I — Razões dos Pontos

Este livro é a reunião de uma série de artigos, publicados no jornal *"O Liberal"*, de Belém do Pará e em alguns periódicos brasileiros, nos meses seguintes à sanção da Lei n. 13.467, de 13.7.2017, após sua entrada em vigor (11 de novembro) e em seguida à edição da Medida Provisória n. 808, de 17.11.2017. São 25 textos sobre pontos bastante controvertidos da reforma trabalhista, visando a destacar aspectos que devem merecer a atenção de magistrados, advogados, empresários e trabalhadores.

Desde sua aprovação, no longínquo 1º de maio de 1943, a CLT vem sendo criticada. Diziam que seria uma reprodução da *Carta del Lavoro* italiana, como se os poucos trinta artigos daquele documento pudessem ter sido ampliados, numa simples cópia, para o quase milhar de seus dispositivos. Ao longo de mais de setenta anos, incontáveis tentativas de reforma foram feitas. A que terminou aprovada pelo Parlamento e sancionada pelo Presidente da República não é a ideal, e disso ninguém duvida. Mas, era induvidosamente necessária. Inúmeros ajustes deverão, nos próximos anos, ser efetuados, visando a corrigir os equívocos e a solucionar os conflitos dela resultantes.

Esses dois diplomas, mais que outras tentativas, representaram os dois marcos mais importantes de uma profunda reforma na legislação trabalhista, reclamada pela sociedade, que foi surpreendida com o projeto de lei que se transformou na Lei n. 13.467/17 e, 72 horas após sua vigência, na reforma da reforma, representada pela Medida Provisória n. 808/17.

Reuni 25 estudos, que chamei de pontos, sobre diversos aspectos da reforma trabalhista que foi operada em nosso país neste ano de 2017. Fiz, em vista das alterações processadas após a elaboração de alguns, ajustes necessários, conservando minha opinião sobre as mudanças e minha preocupação com o futuro das relações de trabalho no Brasil.

Muita coisa tem sido escrita, outro tanto precisa ser descoberto nas entrelinhas dos textos legais apresentados, e, especialmente, entendo que é indispensável que os interlocutores sociais repensem seu relacionamento interpessoal para garantia da tranquilidade e do amanhã na vida brasileira.

Almejo que estes pontos possam auxiliar os interessados a entender um pouco das questões nebulosas que envolvem essa grande reforma trabalhista de 2017, reiterando agradecimentos à LTr Editora que, mais uma vez, acolhe meus escritos.

Belém, janeiro, 2018.

Georgenor de Sousa Franco Filho

II — Razões (Novas) dos Pontos

Na primeira edição deste "Reforma trabalhista em pontos", reuni 25 textos sobre temas instigantes da reforma introduzida na legislação do trabalho no Brasil inicialmente pela Lei n. 13.467/17 e, em seguida, pela Medida Provisória n. 808/17.

A Medida Provisória, todavia, perdeu validade, em 23 de abril de 2018, ao não ser convertida em lei pelo Congresso Nacional, e, com isso, retornou-se ao *status* anterior, da reforma primitiva.

Sucederam, porém, diversas normas infra legais, objetivando corrigir e/ou ajustar os novos instrumentos colocados às relações de trabalho. Assim o caso da Portaria n. 349, de 23.5.2018, do Ministro do Trabalho, (r)estabelecendo regras da extinta MP para tornar exequíveis algumas das novidades da Lei n. 13.467/17.

De outro lado, o Tribunal Superior do Trabalho, por meio da Resolução n. 221, de 21.6.2018, editou a Instrução Normativa n. 41, dispondo sobre as normas da CLT, alteradas pela citada Lei n. 13.467/17, e sua aplicação ao processo do trabalho, que se complementou, posteriormente, pela Recomendação n. 3, de 24.7.2018, da Corregedoria Geral da Justiça do Trabalho.

Considerando esses acontecimentos, e a própria imperiosa necessidade de discorrer sobre vários outros aspectos da reforma trabalhista brasileira, os pontos originais foram atualizados pela normação vigente e outros foram acrescentados, objetivando proporcionar mais exame e reflexões sobre esse mundo novo do trabalho em nosso país.

Nessas condições é que estão sendo trazidos esses novos (agora aproximadamente cinquenta) pontos sobre o que se poderia dizer novo Direito do Trabalho do Brasil.

Reitero meu agradecimento à LTr Editora pela permanente acolhida.

Belém, Agosto, 2018.

Georgenor de Sousa Franco Filho

1. Acessórios do Trabalhador

O uso de uniforme é um assunto sempre presente nas tratativas para contratação de empregado. Não havia norma legal dispondo sobre esse tema na legislação trabalhista até a reforma introduzida pela Lei n. 13.467/17.

Assim o art. 456-A da CLT consagra:

> Art. 456 – Cabe ao empregador definir o padrão de vestimenta no meio ambiente laboral, sendo lícita a inclusão no uniforme de logomarcas da própria empresa ou de empresas parceiras e de outros itens de identificação relacionados à atividade desempenhada.

Infere-se que a vestimenta é o uniforme e nele o empregador pode determinar o uso de logomarcas da empresa, que serve para identificar o empregado (independentemente de uso de crachá). Não quer com isso significar que o empregador pode *fantasiar* o empregado, mesmo porque a esse fim existe proibição na NR-17 do Ministério do Trabalho, nem tampouco deve violar a intimidade, a dignidade, a honra e a moral do empregado, pena de ofender o art. 5º, III, VI, VIII e X, da Constituição.

Impõe observar que o uniforme não deve representar um salário *in natura* do empregado. Não se trata de uma forma de remunerar o trabalhador, porque o uso desse acessório é para o trabalho, e não pelo trabalho desenvolvido (art. 458, § 2º, I, da CLT). E deverá, se de uso obrigatório, ser fornecido pelo empregador. Afinal, não seria razoável atribuir ao empregado a aquisição de um traje que pode não ser de seu interesse, conquanto seja melhor o uniforme do que a roupa de propriedade do obreiro, porque não iria se depreciar um bem seu.

Foi além o legislador. Cuidou também de permitir o uso de logomarcas de empresas parceiras, isto é, daquelas que possuem algum vínculo com o empregador (casos de representação comercial, *joint ventures* e *franchising*, dentre outras).

Além de logomarcas, podem o empregador determinar o uso de outras formas de identificação do tipo promocional, como objetos publicitários, de alguma promoção específica, ou um simples bóton de algum produto da empresa.

Outro aspecto que o tema em apreço suscita refere à higienização do uniforme. O parágrafo único do art. 456-A consolidado dispõe:

> Art. 456-A – (...)
>
> Parágrafo único – A higienização do uniforme é de responsabilidade do trabalhador, salvo nas hipóteses em que forem necessários procedimentos ou produtos diferentes dos utilizados para a higienização das vestimentas de uso comum.

Quando tratamos de higienização de uniforme cuidamos da sua limpeza, da sua lavagem e secagem, quando for o caso. As vestimentas que o obreiro utiliza devem ser mantidas sempre em condições adequadas, de modo a não lhe causar danos a saúde. Sendo um uniforme comum (calça e camisa), exigida apenas a sua higienização básica, deve o próprio empregado arcar com esse ônus. É a regra do início do parágrafo único do art. 456-A da CLT.

Diversamente, porém, será a situação quando as circunstâncias são diferentes. É a ressalva da parte final do mesmo parágrafo único: *salvo* [quando precisar de] *procedimentos ou produtos diferentes*.

Ao referir a este aspecto, devemos verificar que se trata de situação diferenciada, a exigir despesas fora do habitual e que iriam representar acréscimo mais de gastos ao obreiro. Em situação assim, caberá ao empregador responder pelas despesas.

Em um estabelecimento hospitalar os níveis de higienização e limpeza devem ser exemplares, logo as roupas utilizadas pelos profissionais que atuam nessas empresas devem ser suas vestimentas com um processo de higienização diferenciada e mais rigorosa. A mesma regra deve ser entendida para o setor de alimentação (fabricação de alimentos, cozinhas de restaurantes e lanchonetes). A higienização dos uniformes dos trabalhadores desses locais não é simples, mas, ao contrário, deve ser efetuada de maneira minuciosa e cuidadosa, com utilização de produtos de qualidade para garantir a segurança dos usuários desses estabelecimentos.

Como se constata, essas novas regras vêm solucionar graves questionamentos que volta e meia são examinados pelo Judiciário e que, agora, com as determinações legais restam em boa parte superadas.

2. Acordo Extrajudicial (Homologação)

O tema cuida da homologação de acordo extrajudicial que coloca fim a qualquer questão envolvendo relação de trabalho (e não apenas rescisão de contrato).

O Capítulo III-A, que foi introduzido na CLT, contempla o *processo de jurisdição voluntária para homologação de acordo judicial*, dele cuidando os arts. 855-B a 855-E. Na prática, regularizou-se uma situação que era vivenciada desde sempre, qual a de ajuizar uma reclamação e, na audiência inaugural, celebrar um acordo e encerrar o litígio.

Agora, trata-se de uma atividade de jurisdição voluntária, quando o Estado age na administração do interesse das partes, homologando o acordo que trabalhador e o tomador de seus serviços celebraram.

O órgão competente é a Vara do Trabalho, e o Juiz do Trabalho poderá homologar o acordo, devendo as partes ser representadas por advogados, ou seja, não existe possibilidade de se aplicar o *jus postulandi*, sendo que o trabalhador poderá ter assistência do advogado do sindicato de sua categoria (art. 855-B, §§ 1º e 2º).

Protocolizado e distribuído o pedido de homologação, este deverá ser apreciado, no prazo de quinze dias, pelo juiz que, se entender necessário, a fim de produzir provas e formar seu convencimento, designar audiência para oitava das partes e demais providências que julgar adequadas, e, finalmente, dentro desse juízo de delibação, proferirá sua sentença (art. 855-D da CLT).

Importante observar que o juiz pode recusar homologação, quando perceber alguma irregularidade no pacto, fraude a lei, a ordem pública e até mesmo aos princípios informadores do Direito do Trabalho. Esse aspecto é importante destacar, porque o prazo prescricional (dois anos após o término do contrato), é suspenso a partir da protocolização do pedido de homologação. Porém, negada essa, o prazo recomeça a fluir, no dia seguinte ao trânsito em julgado dessa decisão contrária ao acordo (art. 855-E e parágrafo único).

Observe-se que essa jurisdição voluntária pode ocorrer em qualquer acordo extrajudicial realizado entre tomador de serviço e trabalhador. Significa, então, que se aplica a casos de pequenos empreiteiros, divergências salariais acordadas extrajudicialmente, penalidades objeto de acordo, quitação de eventuais adiantamentos, possíveis indenizações decorrentes de vários motivos.

Desejo, com isso, demonstrar que o acordo extrajudicial a ser homologado pela Justiça do Trabalho não é apenas aquele decorrente de relação de emprego, mas qualquer um que envolva o trabalho humano.

Por fim, note-se que a multa do § 8º do art. 477 da CLT permanecerá, ainda que em acordo extrajudicial, em se tratando de contrato de trabalho, se o empregador deixar de, em dez dias do término do contrato, proceder à baixa na CTPS do empregado, comunicar sua dispensa aos órgãos competentes, entregar-lhe esses comprovantes e pagar-lhe as verbas rescisórias, com o recibo correspondente (art. 855-C da CLT).

3. Arbitragem

A arbitragem é um mecanismo extrajudicial heterônomo de solução de conflitos. Recorrendo a ela, os interessados abrem mão do juízo natural (o do Estado), optando por uma justiça privada, na qual escolhem que vai decidir suas pendências, por meio de um documento chamado compromisso arbitral (ou a cláusula arbitragem inserida em contratos em geral).

É uma prática antiga no Brasil. Desde o Império, usamos a arbitragem. A questão Christie com a Inglaterra foi o primeiro caso (Laudo do rei Leopoldo da Bélgica a favor do Brasil). Nossas fronteiras, muitas vezes, tiveram soluções arbitrais, e os exemplos estão na questão do contestado do Amapá com a França (Laudo de Berna) e a questão de Palmas com a Argentina (Laudo do Presidente Cleveland), ambos favoráveis ao Brasil. Com a Inglaterra, na disputa de parte de Roraima, não tivemos o mesmo êxito (Laudo do Rei Vitório Emanuel, da Itália).

Em 1988, a Constituição consagrou, no art. 114, a arbitragem como meio facultativo de solução de conflitos coletivos de trabalho. Inicialmente fui contrário à adoção desse instrumento para as disputas individuais, mas, em seguida, revi meu posicionamento, considerando que nunca foi proibido para esses casos, e passei a defender também para as divergências dessa natureza, tendo escrito alguns livros e artigos demonstrando sua importância e necessidade(1).

O TST, no entanto, apreciando o tema, posicionou-se no sentido de limitar a aplicação desse mecanismo apenas às questões coletivas. Minoritariamente, alguns membros da Alta Corte entendem sua aplicação ampliada. Esperemos, no futuro, como interpretará aquele Tribunal o comando que está inserido no art. 507-A da CLT, introduzido pela reforma trabalhista da Lei n. 13.467/17.

Dispõe esse artigo:

> Art. 507-A – Nos contratos individuais de trabalho cuja remuneração seja superior a duas vezes o limite máximo estabelecido para os benefícios do Regime Geral de Previdência Social, poderá ser pactuada cláusula compromissória de arbitragem, desde que por iniciativa do empregado ou mediante a sua concordância expressa, nos termos previstos na Lei n. 9.307, de 23 de setembro de 1996.

Como se verifica, é admitida a arbitragem em conflitos envolvendo os empregados que ganhem salário superior ao dobro do teto dos benefícios previdenciários, ou seja, mais de R$ 11.291,60 (valores de 2018). Caso tivessem curso superior, esses empregados seriam

---

(1) Assim, nossos livros *A arbitragem e os conflitos coletivos de trabalho no Brasil*. São Paulo: LTr, 1990; e *A nova lei de arbitragem e as relações de trabalho*. São Paulo: LTr, 1997

os absurdamente chamados de *empregados hipersuficientes*, na forma do art. 444 da CLT, podendo negociar individualmente os direitos elencados no art. 611-A consolidado.

A Lei n. 9.307/95, que é a lei brasileira de arbitragem, é, a nosso ver e à falta de lei específica, perfeitamente pertinente para aplicação no caso de questões trabalhistas, da mesma forma como a arbitragem em si mesma é um instrumento de grande valia para a paz social.

São muitas as razões. A uma, a Lei n. 9.307/95 é o único documento legislativo cuidando do tema em nosso país. A duas, porque existem direitos trabalhistas que podem ser transacionados e renunciados (e os acordos estão presentes no dia a dia da Justiça do Trabalho). A três, o mecanismo facilita e agiliza a solução de conflitos. A quatro, sua utilização ajudaria a desafogar o Judiciário, e dar cumprimento mais eficaz ao inciso LXXVIII do art. 5º da Constituição.

O rito arbitral é célere, embora oneroso, e tudo depende da livre escolha dos interessados que indicam o árbitro e o procedimento a ser adotado, que, se não for, pode ser aplicado o da Lei n. 9.307/95 ou de alguma entidade privada especialista em arbitragem. Escolhido, o árbitro deve instruir o feito, com produção das provas que entender necessárias, e proferir o laudo (na lei brasileira chamado de sentença arbitral), observando os termos do compromisso arbitral ou da cláusula compromissória. E, dois pontos relevantes: (1) o laudo arbitral é título executivo, ou se, descumprido, imediatamente a parte prejudicada aciona o Judiciário para fazê-lo, e (2) o juiz natural (o do Estado) não pode rever o mérito do laudo, mas apenas apreciar questões de nulidade.

Observemos que não se trata da arbitragem de ofertas finais, adotada pela Lei n. 12.815/2013, do Trabalho Portuário (art. 37), que restringe a atividade do árbitro em optar por uma das ofertas das partes. A da CLT permite ao juiz privado decidir livremente nos limites do compromisso ou da cláusula reguladora.

Por fim, chamemos a atenção dos sindicatos (que estão questionando no STF o fim da contribuição sindical) que podem ter, na implementação desse instrumento de composição, uma significativa melhora em sua receita, porque é utilizado com recursos das partes, que respondem pelos custos e despesas da arbitragem.

E é exatamente aqui que deve ser lembrado às entidades sindicais (patronais e profissionais) para que estudem mecanismos, e a via negocial pode ser um deles, de inserção de regras criando câmaras arbitrais que solucionem conflitos trabalhistas individuais.

O uso da arbitragem pode facilitar a convivência entre patrões e empregados e, embora aparente, não é novidade em matéria trabalhista individual, sendo aplicada, faz muito tempo, em controvérsias envolvendo os altos executivos de empresa de grande porte, sobretudo do sul-sudeste do Brasil.

4. Assédio Processual

Assédio processual é o comportamento da parte em um processo judicial destinado a, sem motivo razoável, procrastinar seu encerramento, mediante atitudes inadequadas e injustificadas, ante a possibilidade de êxito da parte adversa. São atitudes não recomendáveis, geradoras de um dano marginal, que extrapola o simples e constitucional direito de defesa e transborda para a litigância de má-fé e outros atos atentatórios à dignidade da justiça.

O TST tem jurisprudência reconhecendo que essa prática é reprovável, penalizando o empregado litigante de má-fé porque identificado o assédio processual (Proc. RO 293-012.5.09.0000, de 2.2.2005. Rel. Min. Alberto Bresciani).

Antiga omissão na legislação trabalhista foi superada com os arts. 793-A e seguintes da CLT, introduzidos pela reforma da Lei n. 13.467/17, justamente visando reprimir a litigância de má-fé.

Assim, seja reclamante, reclamado ou interveniente (um terceiro interessado), quem litigar de má-fé responderá por perdas (danos emergentes) e danos (lucros cessantes), conforme o art. 793-A da CLT, considerando-se litigante de má-fé aquele que agir praticando uma das atitudes enumeradas no art. 793-B: deduzir pretensão ou defesa contra texto expresso de lei ou fato incontroverso; alterar a verdade dos fatos; usar do processo para conseguir objetivo ilegal; opuser resistência injustificada ao andamento do processo; proceder de modo temerário em qualquer incidente ou ato do processo; provocar incidente manifestamente infundado; e, interpuser recurso com intuito manifestamente protelatório.

Incorrendo na prática de um desses atos, a parte poderá ser condenada a pagar multa, cujo valor deve ser superior a 1% e inferior a 10% do valor corrigido da causa, indenizar os prejuízos sofridos pela parte adversa, arcar com os honorários advocatícios e responder por todas as despesas que efetuou. Não tratou o legislador de exigir a prática de todas as faltas simultaneamente, mas de apenas uma delas para se caracterizar a má-fé ensejadora da punição, da mesma forma com as responsabilidades, se demonstrado o dano, são integrais e não de individualizadas.

O § 1º do mesmo art. 793-B dispõe que, se os litigantes de má-fé forem dois ou mais, a condenação de cada um será na proporção do respectivo interesse na causa ou solidariamente aqueles que se coligaram para causar dano à outra parte. Observe-se que, se o valor for irrisório ou inestimável, a multa deve ser de até duas vezes o limite máximo dos benefícios do RGPS, atualmente de R$ 5.645,80, no total de R$ 11.291,60 (§ 2º). O juiz fixará o valor da indenização, e, se não for possível, poderá liquidá-lo por arbitramento ou pelo procedimento comum, nos próprios autos (§ 3º).

Ainda referente ao assédio processual, excelente medida foi tomada pelo art. 793-D da CLT, prevendo que a multa criada é aplicável, também, à testemunha que falta com a verdade, seja alterando, seja omitindo fatos essenciais ao julgamento da causa, com a multa sendo executada nos mesmos autos. Entendemos ser salutar essa providência considerando que, no processo do trabalho, é fundamental o papel da testemunha, e esse tipo de prova tem importância muito significativa para formar o convencimento do julgador. Criou-se, então, a testemunha de má-fé, evitando, com isso, que pessoas que se apresentem nessa condição não sejam *testemunhas profissionais*, mas realmente conhecedoras dos fatos que são necessários provar.

Como se constata, a prática do assédio processual, mediante atitudes indevidas, gera a possibilidade de a parte ser considerada litigante de má-fé e responder por todos os atos que, ferindo a ética e a honestidade processuais, praticou. E, agora, a Justiça do Trabalho, antes chamada por muitos de generosa e leniente com aqueles que prejudicam a parte contrária, com atitudes altamente reprováveis, agirá com o indispensável rigor, e provavelmente, os processos trabalhistas, que são reconhecidamente os mais céleres do Judiciário brasileiro, deverão reduzir ainda mais o prazo de tramitação com a superação de uma série de incidentes que podem causar demora ao seu encerramento.

5. Autônomo

Autônomo é a pessoa física que, por conta própria, exerce atividade econômica de natureza urbana, com fins lucrativos ou não, possuindo as seguintes características: ausência de subordinação, na medida em que não está submetido a controle ou fiscalização de quem contrata seus serviços; continuidade, porque esse trabalho não se exaure com um único ato, sendo duradouro; e, habitualidade, porque a atividade desenvolvida é sempre a mesma.

Existe uma chamada *zona cinzenta* no Direito do Trabalho, que costuma colocar certos trabalhadores sem o reconhecimento de subordinação que lhes garantiria inúmeros direitos trabalhistas. Nela encontramos os representantes comerciais, que, regulados pela Lei n. 4.886/65, em muitas oportunidades são apenas empregados subordinados de um determinado produtor. Na mesma linha, cabeleireiros, manicures e assemelhados, trabalhadores intelectuais, motoristas de táxi, motoqueiros responsáveis por entregas, corretores (inclusive os de imóveis), cujos traços caracterizadores da atividade podem revelar sua condição de verdadeiros empregados, dependendo, nesse particular, das provas apresentadas e da sensibilidade do julgador.

O art. 442-B da CLT, introduzido pela Lei n. 13.467/17, dispõe:

> Art. 442-B – A contratação do autônomo, cumpridas por este todas as formalidades legais, com ou sem exclusividade, de forma contínua ou não, afasta a qualidade de empregado prevista no art. 3º desta Consolidação.

Isto nos leva a admitir que, a partir dessa disposição, será profundamente difícil e, consequentemente, raro, identificar claramente a fraude no contrato de autônomos, porquanto, como se infere, cumprida a formalidade da celebração do contrato reconhecendo a autonomia, a lei afasta a possibilidade de reconhecer relação de emprego como define o art. 3º da CLT, considerando irrelevante ser ou não esse trabalhador exclusivo.

Ante a caducidade da MP n. 808/17, a Portaria MTb n. 349/18 inseriu regras nos §§ 1º a 4º de seu art. 1º a fim de melhor elucidar essa autonomia.

O § 1º destaca que:

> § 1º Não caracteriza a qualidade de empregado prevista no art. 3º da Consolidação das Leis do Trabalho o fato de o autônomo prestar serviços a apenas um tomador de serviços.

Significa que autônomo conservará essa condição ainda que seja autônomo de um único tomador de seus serviços, irrelevante a exclusividade. Em outros termos, esse trabalhador continuará autônomo.

O § 2º da mencionada Portaria ministerial repete o § 3º do art. 442-B que a MP n. 808/2017 pretendeu introduzir na CLT, dispondo:

> § 2º O autônomo poderá prestar serviços de qualquer natureza a outros tomadores de serviços que exerçam ou não a mesma atividade econômica, sob qualquer modalidade de contrato de trabalho, inclusive como autônomo.

Esse parágrafo faculta ao trabalhador contratado como autônomo ser admitido também como empregado regular ou mesmo como autônomo em outro tomador de seus serviços, irrelevante a atividade econômica que este exerça.

O autônomo pode, segundo o § 3º, repetindo regra da extinta MP n. 808/17, recusar-se a realizar atividade solicitada pelo contratante, sujeitando-se, todavia, à aplicação de cláusula penal que esteja prevista no contrato.

Visando a dispor sobre o que chamamos acima de zona cinzenta no Direito do Trabalho, a MP n. 808/2017 parecia ter agido com excessivo rigor com determinadas atividades. Perdeu validade, e a Portaria MTb n. 349/17 ressuscitou a regra agora no § 4º do seu art. 1º, considerando:

> § 4º Motoristas, representantes comerciais, corretores de imóveis, parceiros, e trabalhadores de outras categorias profissionais reguladas por leis específicas relacionadas a atividades compatíveis com o contrato autônomo, desde que cumpridos os requisitos do *caput*, não possuirão a qualidade de empregado prevista no art. 3º da Consolidação das Leis do Trabalho.

O dispositivo em apreço relaciona, exemplificativamente, algumas atividades (motoristas, representantes comerciais, corretores de imóveis e parceiros) e se reporta a trabalhadores de outras categorias profissionais. A tanto, basta que sejam regulados por leis específicas que tenham alguma relação com atividade autônoma.

É imperioso, todavia, destacar que essas normas trazidas por uma portaria ministerial não possuem o condão de violar dispositivos legais, nem podem ser impostas à interpretação dos juízes ante as provas colhidas durante a instrução processual que evidente, *ex abundantia*, a existência de simples e comum, relação de trabalho subordinado.

As formalidades legais são a existência de um contrato escrito, ser o contratado pessoa física, que esse trabalho seja realizado por conta própria, desenvolvendo atividade econômica de natureza urbana, podendo ter ou não finalidade lucrativa, que são requisitos constantes do art. 11, V, *h*, da Lei n. 8.213/1991. O que o comando legal deixa claro é que é irrelevante a exclusividade, ou deve ser admitido que até mesmo o exercício da mesma atividade da empresa contratante garante essa pseudo autonomia. Preenchidos esses requisitos, o trabalhador assim contratado deverá ser considerado autônomo. Parece-nos bastante claro que a intenção é legalizar a pejotização.

Por outro lado, constante da MP n. 808/17, que perdeu vigência, havia uma regra (§ 6º do art. 442-B da CLT) que admitia a existência de vínculo empregatício quando presente a subordinação jurídica. Em outros termos, desde que provada judicialmente essa subordinação, a relação de emprego pode (e deve) ser reconhecida pela Justiça do Trabalho.

Inegável que o autônomo será tão autônomo quanto a ausência de liberdade de seu trabalho. Se for identificada qualquer forma de controle, qualquer ordem de comando, qualquer forma de cumprimento de atividade, esse autônomo deverá ser considerado empregado. O diferencial é justamente a subordinação jurídica.

Assinalamos esse aspecto que é muitas vezes o que se passa no exercício de diversas atividades, como corretor de imóveis (que atua com exclusividade e, sobretudo, recebendo ordens da contratante, não podendo delas se afastar), ou o parceiro, aquele que trabalha, *v. g.*, em salões de beleza (que é mascarado de autônomo, mas na verdade não goza da mínima autonomia).

Nesse ponto, bem andou a Portaria MTb n. 349/2018 ao repetir o dispositivo da MP n. 808/17 no § 5º do art. 1º, nos mesmos termos: presente a subordinação jurídica, o autônomo será considerado empregado.

O art. 442-A pode refletir em várias atividades profissionais, muitas das quais comentamos nesta obra, mas não deve ser interpretado de forma a admitir que qualquer profissão possa ter esse caráter de autonomia. Esse dispositivo consolidado deve ser aplicado com extrema cautela e caberá a Justiça do Trabalho redobrar atenção para, quando provocada, para corrigir esses lamentáveis equívocos.

6. Banco de Horas

Para um mecanismo destinado a promover a flexibilização da jornada de trabalho diária, permitindo a compensação dos excessos de variados modos, considerando a jornada inicial contratada, costuma-se chamar de *banco de horas*. No Brasil, foi criado em 1998, pela Lei n. 9.601, de 21 de janeiro.

Com efeito, o art. 59 da CLT permite, por via de acordo individual, de convenção coletiva de trabalho ou de acordo coletivo de trabalho, que a jornada normal seja acrescida de mais duas horas extras diárias, remuneradas a 50% do valor da hora normal (art. 7º XVI da Constituição).

Trata-se de um sistema flexível de jornada. Como anota Luciano Martinez, não é nem compensação nem prorrogação, mas o pior dos dois sistemas[(2)], em uma prática altamente prejudicial a todos os trabalhadores, inclusive aos contratados a tempo parcial, aos quais, anteriormente, era proibido esse instrumento, mas foi revogado o § 4º do art. 59 da CLT.

Essa prática existe em alguns países. Na Alemanha, resulta de negociação coletiva, apresentando-se em cinco modalidades diferentes. Na Argentina é embrionária, existindo na área da indústria automotora. Na Espanha, apenas 3,5% dos trabalhadores estão submetidos ao regime do banco de horas. Na França, decorre de negociação coletiva.

A legislação portuguesa possui regras expressas a respeito. O art. 208 do Código do Trabalho cuida do banco de horas. Em Portugal, é permitido o acréscimo de quatro horas/dia, até seis por semana, atingindo até duzentas horas no ano. Esse limite anual poderá ser ampliado mediante negociação coletiva e por apenas doze meses.

Segundo a norma lusitana, o instrumento coletivo é o grande veículo de regulação do banco de horas, cuidando de compensação (em redução do trabalho, em pagamento *in pecunia* ou de ambas as modalidades). Também a antecedência para chamar o empregado ao trabalho intermitente deve ser fixada em norma coletiva.

Dispõe o art. 59 e seus parágrafos da CLT:

> Art. 59 – A duração diária do trabalho poderá ser acrescida de horas extras, em número não excedente de duas, por acordo individual, convenção coletiva ou acordo coletivo de trabalho.
>
> § 1º A remuneração da hora extra será, pelo menos, 50% (cinquenta por cento) superior à da hora normal.
>
> § 2º Poderá ser dispensado o acréscimo de salário se, por força de acordo ou convenção coletiva de trabalho, o excesso de horas em um dia for compensado pela correspondente diminuição

(2) MARTINEZ, Luciano. *Curso de direito do trabalho*. São Paulo: Saraiva, 2010. p. 293.

em outro dia, de maneira que não exceda, no período máximo de um ano, à soma das jornadas semanais de trabalho previstas, nem seja ultrapassado o limite máximo de dez horas diárias.

§ 3º Na hipótese de rescisão do contrato de trabalho sem que tenha havido a compensação integral da jornada extraordinária, na forma dos §§ 2º e 5º deste artigo, o trabalhador terá direito ao pagamento das horas extras não compensadas, calculadas sobre o valor da remuneração na data da rescisão.

§ 4º (Revogado).

§ 5º O banco de horas de que trata o § 2º deste artigo poderá ser pactuado por acordo individual escrito, desde que a compensação ocorra no período máximo de seis meses.

§ 6º É lícito o regime de compensação de jornada estabelecido por acordo individual, tácito ou escrito, para a compensação no mesmo mês.

Desse texto legal, temos os seguintes traços caracterizadores:

1) o *banco* pode ser criado por negociação coletiva (acordo ou convenção coletiva de trabalho) e também mediante acordo individual, ou seja, por ato entre empregador e empregado, e, necessariamente por escrito;

2) as horas suplementares poderão ser, no máximo, de duas por dia, metade do admitido em Portugal;

3) não há pagamento dessas horas extraordinárias, mas uma expectativa de compensação futura que deverá ocorrer no período de um ano, se fruto de negociação coletiva, ou em seis meses, se resultado de acordo individual;

4) os prazos de convocação e recusa estão definidos na legislação, diferente de Portugal, onde a atribuição é transferida aos interessados, por meio de negociação coletiva; e,

5) as horas superiores a 10ª hora não podem ser *depositadas* para compensação futura (o limite são dez horas por dia), devendo ser remuneradas de pronto.

Ponto altamente confuso e de difícil compreensão é o texto da lei quando refere: *de maneira que não exceda, no período máximo de um ano, à soma das jornadas semanais de trabalho previstas* (§ 2º do art. 59). Tem sido entendido que resulta que a soma da jornada prevista e acumulada ao final de um ano será de 44 horas. Caso exceda, as horas sejam superiores a esse limite devem ser imediatamente usufruídas.

Deve ser reiterado que os critérios que a jurisprudência consagrou na Súmula n. 85 do TST, relativos à compensação de jornada, não se aplicam ao banco de horas, conforme seu item V:

> Súmula n. 85 – V – As disposições contidas nesta súmula não se aplicam ao regime compensatório na modalidade "banco de horas", que somente pode ser instituído por negociação coletiva.

Assinale-se, ainda, que o banco de horas anual pode ser objeto de livre pactuação em sede de negociação coletiva, por qualquer dos dois instrumentos autônomos que dela resulte, na forma do disposto no art. 611-A, n. II, da CLT, nos mesmos moldes do modelo português.

Por fim, é de lamentar que se admita o banco de horas pela via do acordo individual, quando, como sabido, a desigualdade das partes conduz a que o trabalhador concorde com as condições e propostas do empregador, na tentativa de garantia o seu emprego.

7. Comissão de Empresa

Os arts. 510-A a 510-D da CLT, que foram introduzidos com a reforma operada pela Lei n. 13.467/2017, cuidam da figura do representante dos empregados em comissão de empresa, criada pela Constituição de 1988 (art. 11[(3)]) e que, até então, não havia sido regulamentado, embora não fosse prevista expressamente essa exigência.

Regulamentado, pode ser que finalmente sejam implantadas essas comissões cuja finalidade constitucional é exclusivamente promover o entendimento direto com os empregadores, apenas nas empresas que possuírem mais de duzentos empregados. Não se confunde com a comissão prevista no art. 9º da Lei n 7.783/1989 (Lei de greve), que é destinada a negociar situações envolvendo paralisação do trabalho, logo, completamente diferente da comissão de representantes. Nada tem a ver com as comissões de conciliação prévia, criadas pela Lei n. 9.958, de 12.01.2000, que introduziu os arts. 625-A a 625-H na CLT, de composição paritária para tentar conciliar conflitos internos. Tampouco se trata de negociar coletivamente, atribuição dos sindicatos, conforme está expresso nos incisos III e VI do art. 8º da Constituição, como registra o art. 8º da Portaria MTb n. 349/18, reproduzindo o antigo art. 510-E da MP n. 808/17, que perdeu validade. Diz o art. 8º:

> Art. 8º A comissão de representantes dos empregados a que se refere o Título IV-A da Consolidação das Leis do Trabalho não substituirá a função do sindicato de defender os direitos e os interesses coletivos ou individuais da categoria, inclusive em questões judiciais ou administrativas, hipótese em que será obrigatória a participação dos sindicatos em negociações coletivas de trabalho, nos termos dos incisos III e VI do *caput* do art. 8º da Constituição Federal.

O que esse artigo explicita é a legitimidade dos sindicatos na defesa da categoria quando se tratar de negociação coletiva de trabalho, conforme os incisos III e VI do art. 8º constitucional, a fim de não estender a competência da comissão para além dos limites traçados pelo art. 510-B, da CLT, que cuidaremos adiante.

Estas comissões serão compostas por três a sete membros, conforme o número de empregados nas empresas, que elegerão seus representantes. Devem ser três membros para empresas entre duzentos e três mil empregados; cinco membros, nas empresas com mais de três mil até cinco mil empregados; e sete membros para as que possuem mais de cinco mil empregados (art. 510-A, § 1º). A regra deve ser aplicada àquelas empresas que possuem empregados em outros Estados da Federação e no Distrito Federal, sempre que for alcançado o número mínimo de empregados (art. 510-A, § 2º). Esses números podem ser menores, se não houver candidatos suficientes (art. 510-C, § 5º).

---

(3) Dispõe a Constituição:

Art. 11. Nas empresas de mais de duzentos empregados, é assegurada a eleição de um representante destes com a finalidade exclusiva de promover-lhes o entendimento direto com os empregadores.

Eleita, a comissão de representantes terá importante missão dentro do ambiente de trabalho. O art. 510-B enumera sete atividades relevantes, que, embora pareçam exceder a finalidade constitucional de promover entendimento direto com o empregador (art. 11 da Constituição), indica destacadas missões, a saber:

I – representar os empregados perante a administração da empresa;

II – aprimorar o relacionamento entre a empresa e seus empregados com base nos princípios da boa-fé e do respeito mútuo;

III – promover o diálogo e o entendimento no ambiente de trabalho com o fim de prevenir conflitos;

IV – buscar soluções para os conflitos decorrentes da relação de trabalho, de forma rápida e eficaz, visando à efetiva aplicação das normas legais e contratuais;

V – assegurar tratamento justo e imparcial aos empregados, impedindo qualquer forma de discriminação por motivo de sexo, idade, religião, opinião política ou atuação sindical;

VI – encaminhar reivindicações específicas dos empregados de seu âmbito de representação;

VII – acompanhar o cumprimento das leis trabalhistas, previdenciárias e das convenções coletivas e acordos coletivos de trabalho.

As regras para a eleição de seus membros estão no art. 510-C consolidado. Infere-se que não se trata de uma comissão paritária, isto é, com representantes de empregados e empregadores, mas apenas com os trabalhadores, da mesma forma. Ademais, não se trata de uma obrigação patronal, e sim de proporcionar os meios para a sua formação e funcionamento. Estranhamente, os sindicatos foram excluídos de qualquer participação na formação dessas comissões, sequer participam do processo eleitoral, do qual foram expressamente excluídos (art. 510-C, § 1º).

Uma comissão eleitoral, formada por cinco empregados, que não sejam candidatos, deverá ser formada para cuidar de todo o processo eleitoral, sem interferência da empresa e do sindicato de classe, defeso disputar o pleito empregados contratados por prazo determinado, com contrato suspenso ou em período de aviso-prévio, ainda que indenizado (art. 510-C, § 2º). Mas, quem tomará a iniciativa para formar a comissão, se empresa e sindicato da categoria foram expressamente excluídos, e a lei é omissa a respeito? Pensamos que a medida deve ser tomada pelos próprios empregados, dentre os seus líderes habituais, que devem incentivar os colegas de trabalho a promover sua formação.

A votação será secreta e, portanto, presencial. Os mais votados serão considerados eleitos, devendo ser empossados no primeiro dia útil seguinte à eleição ou ao término do mandato da comissão anterior (§§ 3º e 4º do art. 510-C). Como a lei não criou critérios para desempate é adequado que se aplique, por analogia, o disposto no item 5.44 da NR-05, que cuida de eleição para a CIPA e prevê que será considerado eleito que tiver maior tempo de serviço no estabelecimento, não cabendo criar regra pela via da negociação coletiva, porque os sindicatos foram excluídos de qualquer interferência no pleito.

Caso não haja registro de candidaturas, deve ser lavrada, pela comissão eleitoral, uma ata com a ocorrência e convocada nova eleição no prazo de um ano (art. 510-C, § 6º).

O mandato dos eleitos será de um ano, proibida a reeleição, pelos dois períodos seguintes (art. 510-D e § 1º).

Importante destacar a garantia provisória de emprego do membro da comissão de empresa, nos moldes do cipeiro, até um ano após o término de seu mandato, salvo motivo disciplinar, técnico, econômico ou financeiro (art. 510-D, § 3º). Contemplando essa garantia, adotamos na lei interna o disposto na Convenção n. 135 da OIT, que o Brasil ratificou, ou seja, nosso país está alinhado com o que de mais recomendável existe, neste tema, no Direito Internacional do Trabalho.

Os documentos que se referem ao processo eleitoral, como atas, documentos de inscrição de candidatos, mapas de apuração, termo de posse, devem ser emitidos em duas vias, ficando sob guarda dos empregados e da empresa por cinco anos, disponíveis para consulta de qualquer trabalhador interessado, do Ministério Público do Trabalho e do MTb. (art. 510-D, § 4º). Entenda-se por sob guarda dos empregados, aos cuidados de um dos membros da própria comissão eleitoral ou dos representantes eleitos.

Em parte, guarda semelhança com as comissões de conciliação prévia, objeto do art. 625-D da CLT, cuja inconstitucionalidade foi afastada pelo STF[4], mas não é paritária. Por outro lado, destaque-se que suas decisões serão sempre por maioria simples (art. 510-B, § 1º) e atuará de forma independente, isto é, sem interferência patronal (art. 510-B, 2º).

O empregado eleito não ficará, durante seu mandato, com seu contrato suspenso ou interrompido, como dispõe o § 2º do art. 510-D. O contrato subsiste regularmente, devendo o representante comparecer ao serviço e cumprir sua jornada e suas tarefas. Assim, para desempenhar seu mister, esse trabalhador deverá ter um tratamento preferencial na empresa, na medida em que poderá, eventualmente, afastar-se de seu trabalho para participar de reuniões da comissão, e, se isso ocorrer durante o expediente, esse tempo deve ser considerado como integrante de seu horário de trabalho, dando-lhe direito, se extrapolar os limites legais, à percepção do adicional de horas extraordinárias.

Como os sindicatos não têm participação nessas comissões é recomendável que seja feito aditivo ao contrato individual de trabalho para conferir direito ao representante de ausentar-se para participar da comissão, especialmente das suas reuniões.

(4) Cf. ADIns ns. 2.139/DF, 2.160/DF e 2.237/DF, julgadas em 1º.8.2018 (DOU de 7.8.2018).

8. Contrapartida Recíproca

Um dos pontos mais intrigantes da reforma trabalhista vigente desde novembro de 2017 é aquele que se refere ao sentido da expressão *contrapartidas recíprocas*, que figura no § 2º do art. 611-A da CLT.

De acordo com esse dispositivo, que foi introduzido na CLT pela Lei n. 13.467/17, devemos considerar que: *A convenção coletiva e o acordo coletivo de trabalho têm prevalência sobre a lei quando, entre outros, dispuserem sobre:* ..., e elenca um rol de quinze direitos trabalhistas que podem ser negociados livremente pelos interlocutores sociais.

O inciso III do art. 8º da Constituição prevê que:

> III – ao sindicato cabe a defesa dos direitos e interesses coletivos ou individuais da categoria, inclusive em questões judiciais ou administrativas.

Trata-se de substituição processual, que ocorre quando o sindicato ingressa em juízo com autor da ação em nome próprio defendendo direitos dos integrantes da categoria, diferentemente da representação processual, na qual é imperiosa a autorização expressa do trabalhador, é ele o titular do direito representado pelo sindicato.

O inciso VI, por seu turno, considera que é obrigatória a participação dos sindicatos nas negociações coletivas de trabalho, ou seja, ao se pretender celebrar acordo coletivo de trabalho ou convenção coletiva de trabalho, necessariamente o sindicato profissional deverá estar presente.

O ponto relevante a considerar é a regra do § 2º do art. 611-A, dispondo:

> § 2º A inexistência de expressa indicação de contrapartidas recíprocas em convenção coletiva ou acordo coletivo de trabalho não ensejará sua nulidade por não caracterizar um vício do negócio jurídico.

O que significa esse dispositivo? De início, reciprocidade é permuta, troca, correlação, e este é o sentido da palavra no preceito legal. Devemos entender que, quando qualquer dos direitos consignados no *caput* do art. 611-A for negociado, não é necessária a existência de que existe clara e objetiva explicitação de qual contrapartida é oferecida para suprir a mudança com o direito negociado.

Com efeito, consideremos, por exemplo, o banco de horas, um dos direitos negociáveis conforme o inciso II do art. 611-A. A regra do § 2º do art. 59 da CLT é no sentido de que a compensação do excesso de jornada possa ocorrer em um ano (doze meses). Em sede de negociação coletiva, o prazo de compensação pode ser ampliado para, por exemplo, dezoito meses (um e meio anos), sem que exista qualquer contrapartida porque se trata do livre exercício da autonomia privada coletiva. Esta regra é apenas para os direitos elencados no art. 611-A consolidado.

Quando nos defrontamos com os direitos referidos no art. 611-B a situação deve ser entendida de modo diverso. É que a interpretação sistemática do texto legal nos leva a entender que esses direitos (os do art. 611-B) não podem ser suprimidos ou reduzidos pura e simplesmente (*exclusivamente*, na literalidade da lei). Mas, em havendo contrapartida reciproca (§ 2º do art. 611-A), a mudança é perfeitamente possível, embora devamos reconhecer que o advérbio pode ter sido usado conforme as tradicionais regras gramaticais, no sentido de reforço do objetivo principal.

E o que impende ressaltar é a indispensabilidade de essa contrapartida ser referida expressamente ao que está sendo alterado e o que está sendo oferecido em troca. Exemplo: nenhum trabalhador assalariado pode perceber menos que o salário mínimo, e a CLT permite que 70% seja fornecido em utilidades (salário *in natura*) e no mínimo 30% em dinheiro (art. 82, parágrafo único).

Em sede de negociação coletiva, pode ficar ajustado que o salário mínimo será 90% fornecido *in natura* e apenas 10% *in pecunia*. Como contrapartida recíproca, o empregador passará a reduzir a jornada de trabalho diária de oito para seis horas/dia. Essas regras devem ser consignadas expressa e claramente na norma coletiva e, a nosso ver, devem ser consideradas válidas.

Nesse sentido, aliás, o TRT da 8ª Região aprovou o Súmula n. 53 da sua jurisprudência dominante, que consigna:

> Súmula n. 53 – Horas no percurso (*in itinere*). Negociação. Validade = Em face do art. 7º, XXVI, da Constituição da República, somente é válida cláusula de negociação coletiva que negocie ou suprima horas no percurso (*in itinere*), mediante a concessão expressa e específica de outras vantagens aos empregados.

É certo que esse precedente cuida de horas *in itinere* e é anterior à vigência das mudanças na CLT, porque, atualmente, não se considera mais tempo de deslocamento (*in itinere*) como tempo à disposição do empregador, consoante consignado no § 2º do art. 58 consolidado.

Enfim, quando se cogita de contrapartida reciproca não devemos entender aquela implícita, ou algum outro direito atribuído aleatoriamente, sem que exista clara e expressa alusão ao direito que está sendo trocado ou substituído.

9. Contribuição Sindical

A Constituição da República, no art. 8º, IV, contempla, além da contribuição confederativa (novidade de 1988), uma das peculiaridades do direito sindical brasileiro: a contribuição prevista em lei, oriunda dos tempos de Vargas, quando se chamava *imposto sindical*.

Era compulsória até a entrada em vigor das mudanças da Lei n. 13.467/17. A partir de 11 de novembro de 2017, deixou de ser obrigatória e passou a ser facultativa. O art. 578 da CLT dispõe:

> Art. 578 – As contribuições devidas aos sindicatos pelos participantes das categorias econômicas ou profissionais ou das profissões liberais representadas pelas referidas entidades serão, sob a denominação de contribuição sindical, pagas, recolhidas e aplicadas na forma estabelecida neste Capítulo, desde que prévia e expressamente autorizadas.

Resumo: só paga quem quer pagar.

Apesar da facultatividade de agora, seu valor continua a corresponder a um dia de salário de todo trabalhador, associado ou não do sindicato, desde que concorde com o desconto a ser efetuado pelo empregador (art. 580, I, da CLT), o que, para garantia deste, deve ocorrer a partir de uma autorização escrita do empregado. Penso que essa contribuição pode ter seu valor também fixado em assembleia geral dos trabalhadores.

Também para os empregadores a contribuição é facultativa (art. 580, III, da CLT) em valor que poderá continuar sendo em importância proporcional ao capital social da firma ou empresa, registrado nas respectivas Juntas Comerciais ou órgãos equivalentes, mediante a aplicação de alíquotas, conforme a tabela progressiva criada pelo Ministério do Trabalho, ou fixada em assembleia geral da entidade patronal.

Entendemos que não é mais necessário o requerimento às entidades ou instituições que não exercem atividade econômica com fins lucrativos requerer dispensa da contribuição, como prevê o art. 580, § 6º, da CLT, considerando o caráter voluntário da contribuição, bastando não efetuar qualquer espécie de recolhimento.

Nem mesmo por negociação coletiva (acordo ou convenção coletiva de trabalho) pode ser determinado o desconto da contribuição para o empregado, mas, pelo mesmo meio, pode ser criada uma contribuição inominada, desde que exista uma contrapartida, considerando o advérbio *exclusivamente* que está no art. 611-B consolidado.

Ademais, a Lei n. 11.648/2008 cogita, sob reserva legal, de disciplina para *a contribuição negocial, vinculada ao exercício efetivo da negociação coletiva e à aprovação em assembleia geral da categoria* (art. 7º). É certo que ainda não existe a lei, mas, evidente, que essa nova contribuição iria (se tivesse sido regulamentada) ser devida juntamente com a contribuição sindical então compulsória. Seria um *plus* para a receita sindical.

Como agora não existe essa compulsoriedade, resulta bastante razoável que, em assembleia geral, seja fixada uma contribuição negocial, que será devida pelos não associados ao sindicato, fruto das cláusulas que forem obtidas como novas conquistas da categoria ou conservação de antigas, se delas forem beneficiários.

Para que não seja violada a liberdade sindical individual negativa, é recomendável que da assembleia geral participem os não sindicalizados, que devem assinar lista específica, a ser encaminhada ao empregador para que ocorra o desconto dessa contribuição. Note-se, ademais, que, por dever de justiça e equidade, os não-sindicalizados que não participarem da assembleia geral não devem se beneficiar das conquistas negociais, da mesma forma como não deverão recolher qualquer contribuição decorrente, salvo se expressamente anuírem e concordarem com o desconto. Pensamos que, dessa forma, estará agindo corretamente o sindicato, não podendo, por isso, ser penalizado, e, não existe qualquer divergência de entendimento se confrontarmos com o que sustento desde 1990 acerca da contribuição confederativa. Esta (a confederativa) destina-se a custear o sistema sindical piramidal brasileira. A negocial destina-se a retribuir o sindicato pelos esforços em obter melhorias de condições de trabalho da categoria. São duas razões completamente distintas.

10. Dano Extrapatrimonial

Desde sempre, a CLT brasileira contempla o direito que o trabalhador tem de considerar desfeito seu contrato de emprego se *praticar o empregador, ou seus prepostos, contra ele ou pessoas de sua família, ato lesivo da honra e boa fama* (art. 483, *e*). É o dano moral trabalhista, que está ali desde que a comissão de juristas da qual fez parte o saudoso Arnaldo Süssekind, em 1943, reuniu as leis esparsas sobre relações de trabalho em nosso país e as transformou na nossa respeitada Consolidação. E assim também ensinou o sempre lembrado Orlando Teixeira da Costa[(5)].

Da mesma forma, o empregador pode sofrer dano moral, embora as empresas rarissimamente costumem postular a indenização correspondente, em sede de reconvenção. O dano moral trabalhista patronal está na CLT no art. 482, *j* e *k*, que são duas faltas graves que podem ser praticadas pelo empregado atingindo o empregador.

Durante muito tempo, isso ficou esquecido no meio dos direitos e deveres consolidados. Um dia, alguém detectou que o trabalhador tinha (e tem) também esse direito. E, aí... Bom, aí transformou-se numa *Torre de Babel*, como escreveram Rodolfo Pamplona Filho e Luiz Andrade Júnior, para se referir a balburdia descontrolada dos danos morais trabalhistas que passaram a surgir por aí[(6)]. O dano moral acabou sendo confundido com dano *banal*. Parece que os empregadores, entretanto, não perceberam que também possuíam direito semelhante.

O *novo* dano extrapatrimonial é o *velho* dano moral trabalhista dos arts. 482, *j* e *k*, e 483, *e*, da CLT, que, agora, quer aparecer clara e diretamente, com regras definidas (para o bem ou para o mal). Na prática das faltas previstas nesses dois artigos da CLT, o empregado é dispensado por justa causa (art. 482) ou é caracterizada sua dispensa indireta, dando-lhe os direitos da dispensa injusta (art. 483). Estranhamente, não há nenhuma referência aos dois dispositivos consolidados na Lei n. 13.467/17, nem havia na Medida Provisória n. 808/17.

Para a fixação do valor da indenização devem ser levados em conta diversos fatores, dentre os quais, (1) o bom senso, (2) a razoabilidade, (3) a gravidade do dano, (4) sua extensão, (5) a reincidência do ofensor, (6) a posição profissional e social do ofendido, (7) a condição financeira do ofensor e do ofendido, e (8) a finalidade pedagógica da punição para evitar a reincidência da prática delituosa. Superou-se, doutrinária e jurisprudencialmente, a corrente

(5) V. COSTA, Orlando Teixeira da. Da ação trabalhista sobre dano moral. In: *Trabalho & Doutrina*, São Paulo, (10):66, set. 1996.

(6) PAMPLONA FILHO, Rodolfo; ANDRADE JÚNIOR, Luiz Carlos Vilas Boas. A torre de Babel das novas adjetivações do dano. In: *Revista LTr*, São Paulo, 78(5):562, maio 2014.

que defendeu, logo nos primeiros momentos de incidência de pedidos judiciais de indenização por dano moral, o cálculo do montante devido a esse título considerando o salário do trabalhador e o tempo do emprego(7).

O *caput* do art. 223-G da CLT, no entanto, criou doze critérios específicos que devem ser considerados pelo julgador para identificar o dano e seu alcane. São os que obrigatoriamente devem ser considerados, a saber:

I – a natureza do bem jurídico tutelado;

II – a intensidade do sofrimento ou da humilhação;

III – a possibilidade de superação física ou psicológica;

IV – os reflexos pessoais e sociais da ação ou da omissão;

V – a extensão e a duração dos efeitos da ofensa;

VI – as condições em que ocorreu a ofensa ou o prejuízo moral;

VII – o grau de dolo ou culpa;

VIII – a ocorrência de retratação espontânea;

IX – o esforço efetivo para minimizar a ofensa;

X – o perdão, tácito ou expresso;

XI – a situação social e econômica das partes envolvidas;

XII – o grau de publicidade da ofensa.

A rigor, esses elementos não são novidade alguma. A Justiça do Trabalho, desde sempre, tem pautado sua atuação considerando exatamente esses aspectos, e continuará a fazê-lo, como sói acontecer.

As mudanças introduzidas na CLT pela Lei n. 13.467/17 incluíram a criação do Título II-A no diploma celetista, denominado *Do dano extrapatrimonial*, inclusive o art. 223-G, cujo *caput* transcrevemos acima. As regras, no entanto, não indicam quais são os danos, deixando aos acontecimentos do dia a dia o surgimento de fatos que podem gerar danos e, por corolário, suas consequentes indenizações.

O art. 223-A determina:

> Art. 223-A. Aplicam-se à reparação de danos de natureza extrapatrimonial decorrentes da relação de trabalho apenas os dispositivos deste Título.

A boa hermenêutica recomenda que esse dispositivo gravita em lamentável equívoco por limitar o papel do juiz de intérprete da lei. A palavra *apenas* retira do julgador qualquer possibilidade de mesclar a interpretação da norma celetista com outras regras, inclusive as de Direito Civil, considerando a inexistência de lacuna na CLT, observando o comando

(7) Dentre os que defenderam essa forma de cálculo, devemos destacar decisão constante do Proc. TRT 8ª Região – 4ª T. – RO 3.795/96, in: *Revista do TRT da 8ª Região*, jul./dez.1996, p. 221, da nossa relatoria, consignando:... *O seu valor deve ser igual à maior remuneração mensal do trabalhador multiplicada pelo número de anos ou fração igual ou superior a seis meses de serviço.*

do art. 8º consolidado. Com efeito, resulta inadequado invocar outras normas legais para examinar dano extrapatrimonial na esfera trabalhista. Inadequado mas, *data venia*, perfeitamente admissível, pena de subtrair do magistrado sua capacidade de interpretar a lei.

Em seguida, é o art. 223-B que informa o que se considera como gerador de um dano extrapatrimonial:

> Art. 223-B. Causa dano de natureza extrapatrimonial a ação ou omissão que ofenda a esfera moral ou existencial da pessoa física ou jurídica, as quais são as titulares exclusivas do direito à reparação.

Esse dano enseja uma reparação e decorrerá da relação de trabalho (art. 223-A), ou seja, em qualquer trabalho pode ocorrer o dano extrapatrimonial e o direito à eventual reparação. É, portanto, mais amplo que a relação de emprego. Estamos diante do que podemos chamar de dano moral *lato sensu*.

Aqui começam aspectos importantes dessas novas regras que, *data venia*, foram inseridas de forma demasiadamente açodada na CLT. Vejamos alguns deles.

O art. 223-B indica como passíveis de ofensas as pessoas física e jurídica. Devemos compreender, na primeira, a pessoa natural, denominação mais adequada, adotada no Código Civil em vigor (Parte Geral, Livro I, Título I). A pessoa jurídica pode sofrer dano moral, conforme está consagrado na Súmula n. 227 do STJ, da mesma forma como permite que se admita, por corolário, a possibilidade do dano moral coletivo, com escólio no art. 1º da Lei n. 7.347, de 24.7.1985 (Lei da Ação Civil Pública) e no art. 6º, n. VI, do Código de Defesa do Consumidor.

Embora aparentemente excluído, o dano estético também está abrangido como bem jurídico violável e, portanto, passível de indenização. Assim é porque o art. 223-C refere à imagem da pessoa física, e a imagem inclui, necessariamente, a aparência estética.

Aplica-se à relação de trabalho, mas existe uma grande dificuldade, que teria sido superada tivesse a MP n. 808/17 sido convertida em lei, com a alteração da base de cálculo constante do art. 223-G, § 1º, considerando múltiplos do valor do limite de benefícios do RGPS. Essa forma de apuração do valor da indenização pelo dano prestar-se-ia tanto para a pessoa física, quanto para a pessoa jurídica, se for esta a credora da reparação. Entretanto, permanece a regra original: os múltiplos do último salário contratual do ofendido.

Outro ponto a considerar é que o direito à reparação de pessoa física ou jurídica dever ser transferindo a seus herdeiros ou sucessores. Não sobreviveu o § 5º do art. 223-G, que a MP n. 808/17, agora sem validade, pretendeu introduzir a fim de coibir o dano em ricochete.

Assim deve ser porque ao Direito do Trabalho são aplicáveis as regras do direito comum, conforme o comando do § 1º do art. 8º da CLT. Sendo o Código Civil fonte subsidiária, e havendo omissão na CLT nesse aspecto, porque a expressão apenas do art. 223-A consolidado não permite que se analise de forma estanque o evento que, a rigor, não é tratado nesse título da CLT, verificamos que o art. 943 do Código Civil determina que o direito de exigir reparação e a obrigação de prestá-la transmitem-se com a herança. De acrescentar, para reforçar esse entendimento, o pensamento do TST, consagrado a Súmula n. 392, que entendemos ter sobrevivido à reforma:

> Súmula n. 392 – DANO MORAL E MATERIAL. RELAÇÃO DE TRABALHO. COMPETÊNCIA DA JUSTIÇA DO TRABALHO – Nos termos do art. 114, inc. VI, da Constituição da República, a Justiça do Trabalho é

competente para processar e julgar ações de indenização por dano moral e material, decorrentes da relação de trabalho, inclusive as oriundas de acidente de trabalho e doenças a ele equiparadas, ainda que propostas pelos dependentes ou sucessores do trabalhador falecido. (grifamos)

Outro ponto a criticar: estranhamente, o sigilo de correspondência do trabalhador não foi incluído no rol dos bens tutelados, e que não pode ser violada. Nesse particular, é de observar que praticamente todas as constituições de 197 países dos cinco continentes contemplam a sua inviolabilidade, conforme pesquisa que realizamos, sendo necessário ressaltar que o uso do *e-mail* corporativo não está abrangido por essa reserva[(8)].

Em se tratando de pessoa física os bens juridicamente tutelados são honra, imagem, intimidade, liberdade de ação, autoestima, sexualidade, saúde, lazer e integridade física (art. 223-C). Foi omitido um aspecto muito relevante do direito da personalidade: não se cuidou de privacidade que é diferente de intimidade[(9)].

Se o ofendido for pessoa jurídica, consideram-se tutelados imagem, marca, nome, segredo empresarial e sigilo da correspondência (art. 223-D), porém não estão incluídos os recursos tecnológicos relativos à informática.

Observe-se que o elenco de bens protegidos é taxativo. Andou mal o legislador, olvidando bens igualmente importantes e que não se pode, com a condição elencada, considerar como susceptíveis de ofensa: vida, liberdade, religião, segurança, privacidade, dentre tantos outros. Melhor teria caminhado se o rol elencado nos dois artigos fosse apenas exemplificativo, deixando ao bom critério do julgador a identificação do que pode ou não ser objeto de indenização.

Uma regra a mais foi introduzida na CLT. Refere-se à responsabilidade pelo dano extrapatrimonial. Na proporção da ação ou da omissão, todos os que tenham contribuído para a prática da ofensa ao bem jurídico tutelado são responsáveis civilmente, conforme o art. 223-E. Essa proporcionalidade, todavia, não pode, nem deve ser interpretada como uma repartição de responsabilidades. Ou seja, se o superior hierárquico de um empregado o ofende, a responsabilidade do empregador não deve ser dividida com esse empregado ofensor mais graduado. Ao contrário, trata-se da aplicação de regra inserta no Código Civil, porque aqui se trata da responsabilidade civil por fato de terceiro. Diz o art. 932, n. III, do Código de 2002:

Art. 932. São também responsáveis pela reparação civil:

(...)

III – o empregador ou comitente, por seus empregados, serviçais e prepostos, no exercício do trabalho que lhes competir, ou em razão dele.

O art. 483, *e*, da CLT contempla a falta grave patronal da prática de atos contra a boa fama e a honra do trabalhador ou de seus familiares. Trata-se do dano moral que significa as

(8) FRANCO FILHO, Georgenor de Sousa. *Intimidade e privacidade do trabalhador*. Direito internacional e comparado. São Paulo: LTr, 2016. p. 30-32. Sobre o direito comparado, v. p. 44-138. Empraticamente todas essas constituições, e também de regiões que não têm o reconhecimento pleno da condição de Estado para o Direito Internacional, a inviolabilidade da correspondência das pessoas é garantida, salvo excepcionalmente ordem judicial.

(9) V., a respeito, o nosso *Intimidade e privacidade do trabalhador... cit.*, p. 21.

ofensas aos direitos da personalidade do empregado ou de sua família, atingindo sua honra, intimidade, imagem, vida privada (art. 5º, V e X, da Constituição), lesionando seus interesses não patrimoniais. Nesse mesmo dispositivo está o assédio moral. E, ambos, assédio moral e dano moral trabalhista, com efeito, não são novidades no direito brasileiro. Ao contrário, existem na legislação obreira desde os primórdios da CLT. Devemos aduzir que, a partir da reforma introduzida pela Lei n. 13.467/17 na CLT, o dano moral deve ser considerado, em seu sentido amplo, como dano extrapatrimonial, *nomen juris* que a legislação adotou em nosso país.

10.1. Parametrização do Dano Extrapatrimonial

Devemos destacar dois pontos ainda no tratamento do dano extrapatrimonial: (1) a cumulação de pedidos; e (2) o tabelamento do valor de eventual condenação.

Quanto à cumulação de pedidos, destaca o art. 223-F da CLT que:

Art. 223-F – A reparação por danos extrapatrimoniais pode ser pedida cumulativamente com a indenização por danos materiais decorrentes do mesmo ato lesivo.

Este dispositivo está seguindo o entendimento da jurisprudência dominante, conforme consta da Súmula n. 37 do Superior Tribunal de Justiça (STJ), que contempla: *são cumuláveis as indenizações por dano material e dano moral oriundos do mesmo fato*, devendo ser também compreendida a possibilidade de cumulação de dano estético, à vista do que consta da Súmula n. 387 também do STJ:

Súmula n. 387 – É lícita a cumulação das indenizações de dano estético e dano moral.

Corroborando esse registro, o Código de Processo Civil (CPC) admite a possibilidade de cumulação, devendo, por força do art. 769, da CLT, ser aplicado às questões judiciais na Justiça do Trabalho, quando existir omissão, como é o caso, na norma própria. Assim, o art. 327 do CPC consigna:

Art. 327. É lícita a cumulação, em um único processo, contra o mesmo réu, de vários pedidos, ainda que entre eles não haja conexão.

Admitida cumulação, a CLT prevê que o juiz deverá, ao decidir, discriminar de forma a restar bastante claras as condições do que deve ser corrigido. Assim, deve indicar os valores das indenizações referentes aos danos patrimoniais (os materiais) e aqueles pertinentes aos de natureza extrapatrimonial (moral e estético).

Por fim, esclareceu o legislador que os lucros cessantes e os danos emergentes não estão incluídos nos eventuais valores atribuídos aos danos extrapatrimoniais. É assim que prevê o § 2º do art. 223-F:

§ 2º A composição das perdas e danos, assim compreendidos os lucros cessantes e os danos emergentes, não interfere na avaliação dos danos extrapatrimoniais.

O tratamento é altamente prejudicial ao ofendido, devendo, apesar da regra do art. 223-A da CLT, prevalecer o bom senso e o espírito de justiça que deve nortear minimamente as decisões do Poder Judiciário. Com efeito, entenda-se por perdas e danos aquilo que a parte deixou de ganhar (lucros cessantes) e o que perdeu (danos emergentes) e que devem ser, se for o caso, acrescidos ao *quantum* indenizatório, observando o regramento constante do art. 402 do Código Civil:

Art. 402. Salvo as exceções expressamente previstas em lei, as perdas e danos devidas ao credor abrangem, além do que ele efetivamente perdeu, o que razoavelmente deixou de lucrar.

Prosseguindo, lembremos que, embora o dano moral trabalhista exista desde sempre na CLT, não existia, fixado em lei, um critério claro. Tentou fazê-lo a Lei n. 13.467/17, ao cuidar do dano extrapatrimonial. E não foi bem no que pretendeu. Criou um tabelamento, em estágios, como se o dano pudesse ter o mesmo resultado para todas as pessoas. Esqueceu de um critério para quem não tem *salário contratual*. Fixou limites, mas olvidou disposições constitucionais que preveem o direito à reparação integral do dano (art. 5º, V e X, da Constituição).

Embora o dano trabalhista exista desde sempre na CLT, não existia, fixado em lei, um critério claro. Tentou fazê-lo a Lei n. 13.467/2017, ao cuidar do dano extrapatrimonial. E não foi bem no que pretendeu. Criou um tabelamento, em estágios, como se o dano pudesse ter o mesmo resultado em todas as pessoas. Esqueceu de um critério para quem não tem salário contratual. Fixou limites, mas olvidou disposições constitucionais que prevêem o direito à reparação integral do dano (art. 5º, V e X, da Constituição).

A MP n. 808/2017 tentou reverter o equívoco do tabelamento a partir do salário contratual, mas não cuidou do direito à reparação integral do dano, e teve sua vigência encerrada. Com isso, retornou-se às regras introduzidas pela Lei n. 13.467/17.

Assim, a base de cálculo é o último salário contratual do ofendido, e os múltiplos desse valor servem para apurar o montante do dano a ser reparado e, havendo reincidência de quaisquer das partes, o juízo (referindo-se ao juiz) poderá dobrar o valor da indenização (§ 3º do art. 235-G da CLT).

A tabela abaixo demonstra como se parametrizou o dano extrapatrimonial no Direito do Trabalho brasileiro, considerando o disposto no § 1º do art. 223-G consolidado, que leva sempre em conta múltiplos do valor do último salário contratual do ofendido. Lembremos um aspecto fundamental: a parametrização do mencionado § 1º não será aplicada a danos extrapatrimoniais decorrentes de morte (falecimento de trabalhador ou de empregador individual) (§ 5º do art. 223-G), o que seria, por tudo, um absurdo tabelar a morte. Da mesma forma, não se trata, hipótese alguma, de extinção de pessoa jurídica. Vejamos a tabela:

Natureza do dano	Limite máximo da indenização
Leve	Até 3 vezes o último salário contratual do ofendido
Média	Até 5 vezes o último salário contratual do ofendido
Grave	Até 20 vezes o último salário contratual do ofendido
Gravíssima	Até 50 vezes o último salário contratual do ofendido

Como se verifica, os limites da indenização a cada ofendido dependerão da natureza da ofensa: leve, média, grave e gravíssima. O mesmo critério será aplicado para a indenização ao empregador, considerando o salário contratual do empregado ofensor (§ 2º do art. 223-G). Havendo reincidência, os valores poderão ser dobrados, segundo entender o magistrado (§ 3º do mesmo artigo).

Se a parametrização não é boa coisa, da forma como foi feita, menos mal seria se as regras que a MP n. 808/17 tivessem prevalecido, porque a base de cálculo seria o valor do limite máximo dos benefícios do RGPS. Mas não é assim.

O que deve ser considerado é o salário do ofendido (ou do ofensor, conforme a pessoa a ser indenizada). Ora, se um trabalhador autônomo for o ofendido, não recebendo ele salário, qual será a base de cálculo? E se estivermos ante um pequeno empreiteiro ou artífice, postulando saldo de empreitada, qual será essa base? Nem o autônomo recebe salário, nem quem busca saldo de empreitada também recebe. São questões que serão resolvidas pelo bom senso dos julgadores brasileiros.

Por outro lado, cabe indagar se será esse tabelamento uma boa medida? Parametrizar o dano moral, escalando-o em quatro níveis, sem maiores considerações, é uma providência extremamente relativa. Devemos considerar dano leve o que? E o gravíssimo? O *caput* do art. 223-G enumera uma dúzia de situações a considerar para quantificar o dano. Não basta essa relação exemplificativa. Afinal, as ofensas, as mágoas, os danos devem ser qualificados, não devem ser tabelados, nem para o lado do empregado, nem para o lado do patrão. É a singela diferença entre qualificar e quantificar.

Vivemos o tempo todo ouvindo o mesmo e repetido discurso: cada caso é um caso. E é verdade. Não existem casos rigorosamente iguais. Existem semelhanças. Enfim, as peculiaridades dos seres humanos, os traços característicos de cada um, os pensamentos da pessoa são necessariamente coisas específicas, próprias e individualizadas.

O tabelamento da indenização do dano, como se fosse o de um produto que se compra em qualquer estabelecimento comercial, está se assemelhando a um lamentável e criticável absurdo.

Esperemos que esses dispositivos sejam revistos e ajustados à realidade. Deixe o legislador à discricionariedade de cada julgador, ao exame dos autos, em que estão os fatos e as provas, a tarefa, que não é fácil, de fixar o valor.

Considerando cada ser humano, o dano leve de um poderá significar o dano gravíssimo de outro, e vice-versa. Não faz mal pensar nisso.

11. Desabilitação Profissional

O art. 482 da CLT enumera as hipóteses de terminação do contrato individual de trabalho por falta grave praticada pelo empregado. São as *justas causas* para a despedida por iniciativa patronal. Originalmente, eram doze práticas que levavam o patrão a mandar o empregado embora, sem lhe pagar aviso-prévio e as proporcionais de férias e 13º salário, nem liberar seu FGTS.

As faltas graves são, resumidamente, a improbidade (a pior de todas), a desídia, o abandono de emprego, os atos de indisciplina ou insubordinação, a incontinência de conduta ou mau procedimento, a prática de jogos de azar, a condenação criminal do empregado, a negociação habitual, a embriaguez habitual ou em serviço, o ato lesivo da honra ou da boa fama ou ofensas físicas ao empregador, a superior hierárquico ou a terceiro e a violação de segredo da empresa.

A partir de novembro, passou a existir uma nova falta grave: a dispensa decorrente de perda de habilitação profissional.

Dentre as novidades que a reforma introduzida pela Lei n. 13.647/17 trouxe à CLT, uma delas foi a criação dessa nova falta grave. É a da alínea *"m"* do art. 482, dispondo:

> m) perda da habilitação ou dos requisitos estabelecidos em lei para o exercício da profissão, em decorrência de conduta dolosa do empregado.

O dispositivo apresenta-se com uma redação aparentemente conflitante: o empregado pode ser dispensado por justa causa por que agiu com dolo no exercício de sua profissão, e, dessa forma, estará inabilitado para continuar a exercê-la, na empresa, por decisão patronal? Ou, o empregado pode ser dispensado por justa causa porque, em decorrência de ter agido dolosamente no exercício de seu mister, perdeu a habilitação para continuar a exercê-lo por deliberação do seu órgão profissional (advogados, a OAB; médicos, o CRM; engenheiros, o CREA etc.)?

Parece impossível admitir a primeira possibilidade. O empregador, por si só, não tem competência legal para considerar um determinado profissional inabilitado para o exercício de sua profissão por ter agido dolosamente no seu desempenho. Pode, sim, dispensá-lo motivadamente, em vista de o trabalhador haver perdido seu registro, por decisão de órgão de classe, que lhe conferia habilitação para o exercício profissional.

Assim, *v. g.*, cancelado o seu registro de médico no Conselho Regional de Medicina por prática de uma conduta dolosa na sua missão, o empregado, médico de um hospital, poderá ser despedido por justa causa, sendo incluído dentre os praticantes da falta grave da alínea *"m"* do art. 482 em comento.

O tema deverá suscitar muitas controvérsias, mesmo porque da decisão administrativa de um conselho profissional cabe recurso ao Poder Judiciário (art. 5º, XXXV, da Constituição), que é o direito de acesso à Justiça.

Ora, sendo cancelado seu registro profissional por uma conduta dolosa e recorrendo ao Judiciário, este empregado não terá uma decisão final terminativa, determinando sua exclusão do quadro de profissionais correspondente e a consequente perda de sua habilitação profissional, salvo quando transitar em julgado a decisão judicial.

Até lá é crível que a falta grave do art. 482, *m*, da CLT não pode ser aplicada, tendo em conta a possibilidade de, em sede judiciária, ser reformada a decisão administrativa e, se mantida no primeiro grau de jurisdição, poderá ser modificada nas instâncias superiores.

Com efeito, é recomendável que, identificada essa prática faltosa, o rompimento motivado da relação de emprego somente ocorra após expiradas todas as possibilidades recursais para o trabalhador que será apenado.

12. Dispensa Coletiva

Uma das questões que mais tem sido objeto de críticas a partir da reforma introduzida na CLT em vigor desde novembro de 2017 é a que se refere à possibilidade da dispensa coletiva de empregados, também chamada de despedida em massa, tema que não estava regulamentado antes no Brasil.

O art. 447-A, introduzido pela Lei n. 13.467/17, trouxe o comando legal, dispondo:

> Art. 447-A – As dispensas imotivadas individuais, plúrimas ou coletivas equiparam-se para todos os fins, não havendo necessidade de autorização prévia de entidade sindical ou de celebração de convenção coletiva ou acordo coletivo de trabalho para sua efetivação.

Desse artigo, encontramos três formas de dispensa, conforme o número de trabalhadores atingidos. Na individual, é dispensado o empregado reconhecido e identificado expressamente pelo empregador. Na plúrima, vários empregados igualmente identificados são dispensados pelo empregador por motivo comum a todos. Na coletiva, o empregador dispensa vários empregados indistintamente, irrelevante qualquer identificação, mas, em tese, deve possuir motivos econômicos, tecnológicos, estruturais ou análogos, conforme a tradição internacional de proteção ao trabalho humano recomenda.

Embora o art. 477-A da CLT seja bastante claro: a dispensa coletiva, sem qualquer espécie de motivação, é livre para ocorrer, existem razões outras que, a nosso ver, não podem ser afastadas.

Pela fria letra da lei, não precisa haver autorização prévia do sindicato de classe dos trabalhadores, e independe de negociação coletiva para que seja realizada. Pensamos que não deve haver esse tratamento absoluto pelas gravíssimas consequências que representa.

Anteriormente à vigência da reforma trabalhista atual, tínhamos alguns precedentes jurisprudenciais bastante expressivos nesse aspecto. O caso *Embraer* é o primeiro (Proc. RODC 30900-12.2009.5.15.0000. Rel.: Min. Mauricio Godinho Delgado) reconhecendo que a dispensa em massa deve ser precedida de negociação coletiva prévia. Adiante, semelhantemente foi decidido nos Procs. RODC 2004700-91.2009.5.02.0000 (Relª. Minª. Kátia Magalhães Arruda) e RO 0000006-61.2011.5.05.0000 (Rel. Min. Walmir Oliveira da Costa).

Como se constatava, estava praticamente sedimentado no TST o entendimento de que a dispensa em massa somente poderia ser processada pela prévia negociação coletiva com o sindicato de trabalhadores.

Esse pensamento superior encontrava precedentes no Direito estrangeiro. Em Portugal, o art. 360 do Código do Trabalho de 2009 determina que ocorra comunicação previa do empregador por escrito, à comissão de trabalhadores ou, na sua falta, à comissão intersindical ou às comissões sindicais da empresa representativas dos trabalhadores que serão despedidos (art. 360), e deve ocorrer negociação anterior à efetivação das dispensas, inclusive com a participação de autoridade competente do Executivo (art. 362).

Por outro lado, no Direito Comunitário do Trabalho, a Diretiva 98/59/CE, de 20.7.1998, do Conselho da União Européia, dispõe, no art. 2º, que 1. Sempre que tenciona efectuar despedimentos colectivos, a entidade patronal é obrigada a consultar em tempo útil os representantes dos trabalhadores, com o objectivo de chegar a um acordo.

No Direito Internacional do Trabalho, temos a Convenção n. 158 da OIT, que embora não trate expressamente de dispensa coletiva, recomenda que, em circunstâncias que podem levar a esse desfecho, seja adotado um procedimento em etapas, a partir de um programa de dispensa, que, inclusive, possibilite alternativas à ruptura do contrato de trabalho, devendo, conforme o art. 13, a empresa informar aos representantes dos trabalhadores a intenção de despedir e, no art. 14, informar o órgão competente, que, no Brasil, é o Ministério do Trabalho.

Ocorre, porém, que a Convenção n. 158 não está vigendo no Brasil. Embora promulgada pelo Decreto n. 1.855/95, foi denunciado a 20.11.1996, deixando de vigorar em 20.11.1997 (Decreto n. 2.100/96).

Assim se apresentava a situação até novembro/2017. Porém, ao apreciar o Proc. CorPar-1000011-60.2018.5.00.0000, o Min. Ives Gandra Filho, então Presidente do TST, no exercício da Corregedoria Geral, confirmou a dispensa coletiva de instituição de ensino (Caso *Estácio de Sá*), destacando que não se aplicaria o precedente de 2009 (Caso *Embraer*) porque àquela época não havia lei e agora existe. Em seguida, confirmou a dispensa coletiva dos empregados considerando que os arts. 477 e 477-A da CLT dispensam a atuação sindical.

Parece-nos que a matéria tem reflexos sociais gravíssimos e não deve ser entendida pela pura aplicação da lei, porquanto existem diversos aspectos que precisam ser apreciados.

Embora não exista necessidade de autorização sindical, o que seria, por tudo, incabível, eis que penetraria diretamente na gestão interna da empresa, é também verdade que não há vedação a que se negocie coletivamente essa dispensa. Aliás, idealmente, deveria a empresa que deseja fazer dispensa coletiva celebrar um acordo coletivo de trabalho com o sindicato de classe para garantir alguns direitos aos dispensados.

Lembremos que a Constituição, no art. 7º, XXVI, consagra, desde 1988, a preferência do negociado sobre o legislado, reiterado no novo art. 611-A da CLT, mas temos que considerar que a mesma Constituição tem por fundamento a dignidade de pessoa humana e os valores sociais do trabalho e da livre iniciativa (at. 1º, II e IV), e reconhece a função social da propriedade (art. 5º, XXIII) e, embora sem a lei complementar que vai lhe dar vida, o art. 7º, I, protege a relação de emprego contra a dispensa arbitrária ou sem justa causa.

Por outro lado, em reforço à negociação coletiva prévia para dispensas dessa natureza, o art. 447-B sinaliza quando se trata de plano de demissão voluntária (PDV) ou Incentivada (PDI), quando determina:

> Art. 447-B – Plano de Demissão Voluntária ou Incentivada, para dispensa individual, plúrima ou coletiva, previsto em convenção coletiva ou acordo coletivo de trabalho, enseja quitação plena

e irrevogável dos direitos decorrentes da relação empregatícia, salvo disposição em contrário estipulada entre as partes.

Ou seja, aplicação analógica dessa regra.

Entendemos, apesar de manifestações contrárias, que o passo ideal para que se concretizem dispensas coletivas seja, sem haver autorização sindical, existir negociação coletiva (como no caso do art. 447-B da CLT) ou pelo menos uma comunicação previa ao sindicato ou à comissão de empresa (se houver), estabelecendo regras mínimas de respeito ao ser humano trabalhador.

Agindo dessa forma, o clima na relação entre capital e trabalho em nosso país certamente será aliviado e será bom para todos.

13. Empregado Hipersuficiente

Antes tínhamos a figura do *hipossuficiente*, significando o trabalhador comum, aquele operário que sobrevive de seu salário, levando uma vida de sacrifícios e privações, carente de melhores recursos, ou a pessoa que não possui condições financeiras para uma sobrevivência digna. Agora, agregamos um novo tipo, o *hipersuficiente*, que deveria ser entendido como o trabalhador de alta importância para a empresa, recebendo salário elevadíssimo, merecedor de tratamento diferenciado, ocupando um estamento superior. Apenas, não é bem assim.

É que um *novo* tipo de empregado foi reconhecido pela CLT. Formalmente sempre existiu o *alto empregado* ou *alto executivo*. A partir de novembro de 2017, quando começaram a vigorar as regras introduzidas na legislação trabalhista pela Lei n. 13.467/17, foi reconhecido formalmente o *empregado hipersuficiente*.

Thereza Nahas identifica que, com essa reforma, passamos a ter três categorias de trabalhadores no Brasil: o desqualificado, regido pelas tradicionais regras celetistas; o qualificado, que possui nível superior e recebe salário mais elevado; e o autônomo, geralmente regulado pelas disposições do Código Civil(10). Pondere-se que ao chamar de *desqualificado* para o trabalhador tradicional não existe o mínimo sentido de discriminação, mas apenas de considerá-lo como comum, sem qualquer espécie de privilégio ou de vítima ou de destituído de qualquer representatividade humana. Não existe, então, qualquer intenção ou pretensão discriminatória.

É nessa categoria *intermediária*, o *qualificado*, que encontramos o empregado hipersuficiente, com quatro características básicas: 1) deve ser possuidor de curso de nível superior; 2) deve perceber salário mensal igual ou superior a duas vezes o teto de benefícios previdenciários, que, em 2017, é de R$-11.062,62; 3) necessita celebrar um acordo individual de trabalho específico, dispondo sobre sua condição; 4) aceita estipular, com o empregador, as condições em que se aplicam ao seu contrato as hipóteses do art. 611-A da CLT.

Assim, vejamos o art. 444 e, sobretudo, seu parágrafo único:

> Art. 444 – As relações contratuais de trabalho podem ser objeto de livre estipulação das partes interessadas em tudo quanto não contravenha às disposições de proteção ao trabalho, aos contratos coletivos que lhes sejam aplicáveis e às decisões das autoridades competentes.
>
> Parágrafo único. A livre estipulação a que se refere o *caput* deste artigo aplica-se às hipóteses previstas no art. 611-A desta Consolidação, com a mesma eficácia legal e preponderância sobre os instrumentos coletivos, no caso de empregado portador de diploma de nível superior e que

(10) NAHAS, Thereza Christina. *Novo Direito do Trabalho. Institutos fundamentais.* Impactos da reforma trabalhista. São Paulo: RT, 2017. p.142-143.

perceba salário mensal igual ou superior a duas vezes o limite máximo dos benefícios do Regime Geral de Previdência Social.

Com efeito, a partir dessas considerações, podemos definir o empregado hipersuficiente como sendo aquele trabalhador subordinado, com formação superior, que, percebendo salário igual ou superior ao dobro do limite máximo de benefícios do RGPS, celebra acordo individual dispondo sobre as suas relações de trabalho, com a mesma eficácia legal e superior a qualquer norma coletiva, inclusive abrangendo as hipóteses negociais referidas no art. 611-A da CLT.

Esse sistema de classificação de empregado tendo como parâmetro o seu salário não parece ser das mais indicadas. Alguns pontos passamos a demonstrar para apontar a insegurança dos critérios adotados.

O primeiro é justamente o salário. Considerar hipersuficiente quem ganha salário igual ou superior a R$ 11.291,60 (valores de 2018) é, no mínimo, desconsiderar o salário médio de executivo de importância também mediana no Brasil, responsável por determinado setor especializado de uma empresa, que varia entre R$ 20,000,00 e R$ 25.000,00(11), e não são os diretores empregados.

Note-se que os critérios que devem prevalecer são subordinação jurídica e dependência econômica e jamais a remuneração deve justificar condição de superioridade. Essa inclusive é a interpretação que se retira da Convenção n. 111 de 1958, da OIT, sobre discriminação em matéria de emprego e profissão(12).

Demais disso, este entendimento continuará a prevalecer se aplicarmos, analogicamente, o art. 4º, I, do Código de Defesa do Consumidor, quando é reconhecida a vulnerabilidade do consumidor no mercado de consumo.

O segundo ponto é a prevalência do acordo individual sobre os instrumentos oriundos da negociação coletiva, como prevê o parágrafo único do art. 444 da CLT. Admitindo-se essa preferência, aparentemente estará havendo ofensa ao art. 7º, XXXVI, da Constituição, que reconhece a superioridade das normas negociadas.

Na mesma linha, porque pode ser disposição de acordo individual, a inserção de cláusula compromissória, permitindo que eventuais conflitos interpessoais sejam resolvidos mediante arbitragem (art. 507-A da CLT). Esse mecanismo é, a nosso ver, de grande valia, embora o TST entenda que não cabe em questões individuais, mas apenas em demandas coletivas.

Ainda neste aspecto, parece que pode ser alegado vício de consentimento na inserção da cláusula compromissória no contrato de trabalho, tornando a solução arbitral como a ideal para conflitos futuros. O art. 507-A apresenta a seguinte redação:

> Art. 507-A. Nos contratos individuais de trabalho cuja remuneração seja superior a duas vezes o limite máximo estabelecido para os benefícios do Regime Geral de Previdência Social, poderá

(11) Cf. <https://exame.abril.com.br/carreira/os-profissionais-com-maiores-salarios-no-brasil-em-2016/#>. Acesso em: 28 out. 2017.

(12) A Convenção n. 111 da OIT foi ratificada pelo Brasil, e promulgada por meio do Decreto n. 62.150, de 19.1.1968.

ser pactuada cláusula compromissória de arbitragem, desde que por iniciativa do empregado ou mediante a sua concordância expressa, nos termos previstos na Lei n. 9.307, de 23 de setembro de 1996.

Desse dispositivo, temos que, para haver possibilidade de recurso à arbitragem, a cláusula pode ser inserida a qualquer momento, ou seja, mesmo para os contratados antes de 11 de novembro de 2017, é perfeitamente válido ser celebrado termo aditivo ao contrato individual incluindo essa cláusula. E como pode ocorrer isso? A qualquer tempo, seja por livre manifestação de vontade do empregado (presume-se a aceitação patronal) ou com a sua anuência expressa (por solicitação do empregador), que se verificará pela simples assinatura no contrato ou no aditivo (se posterior ao contrato).

Ao que parece se ficar demonstrada coação ou fraude para a existência desta cláusula no contrato individual de trabalho, poderá ser declarada judicialmente sua nulidade, passando o empregado a ser regido pelas normas comuns a todos os demais.

A remuneração do empregado hipersuficiente é a que for ajustada com o empregador. Necessariamente deve ser bastante superior a dos demais empregados, e sempre igual ou maior que o dobro do valor dos benefícios do RGPS.

Os reajustes do salário do empregado hipersuficiente devem ser feitos de acordo com o ajuste individual feito com o empregador, porém deve ser observado que é conveniente inserção de regra de reajuste salarial automático, sempre que os valores dos benefícios previdenciários forem modificados. Assim deve ser porque, caso o salário do hipersuficiente, em decorrência do aumento do benefício da Previdência Social, fique aquém desse valor, o trabalhador passará automaticamente a ser regido pelas regras comuns a todos os demais.

Algumas verbas são de natureza não remuneratória, e não farão parte de sua remuneração, nem irão se incorporar ao pacto laboral, nem servirão de base de incidência de qualquer encargo trabalhista e previdenciário, conforme o § 2ª do art. 457 da CLT, exceto encargos fiscais, que permanecem.

As importâncias pagas a título de ajuda de custo, auxílio-alimentação, diárias para viagem, prêmios e abonos são essas parcelas, sendo de recordar que os prêmios, conforme o § 4º do art. 457 consolidado, são *as liberalidades concedidas pelo empregador em forma de bens, serviços ou valor em dinheiro a empregado ou a grupo de empregados, em razão de desempenho superior ao ordinariamente esperado no exercício de suas atividades.* A única forma desses prêmios poderem integrar a remuneração do trabalhador é se for expresso no contrato de trabalho.

Com as mudanças na legislação obreira, alguns direitos referentes ao empregado hipersuficiente, que estava trabalhando formalmente desde antes da reforma, não foram atingidos e não podem ser modificados, pena de se caracterizar alteração indevida no contrato de trabalho.

O que queremos frisar é que essas alterações são aplicáveis apenas para os que vierem a ser contratados a partir da entrada em vigor das novas regras. Ou seja, quem está no exercício de atividade assim, se mudar, haverá alteração prejudicial ao trabalhador. Como corolário, cláusula dessa espécie poderá ser declarada judicialmente nula.

Com o permissivo para negociar diretamente com o empregador os direitos listados no art. 611-A da CLT, a impressão imediata é de que a vida do empregado hipersuficiente será apenas de sacrifícios. Pensamos diferente. Muita coisa pode ser negociada entre patrão e empregado, mas é expressamente proibido, *v. g.*, negociar a garantia constitucional da limitação da jornada de trabalho, que não poderá ser superior a 44 horas/semanais e oito horas/diárias.

14. Equiparação Salarial

A previsão legal para a equiparação salarial encontra-se no art. 461 da CLT, com a redação dada pela Lei n. 13.467/2017, nos seguintes termos:

> Art. 461. Sendo idêntica a função, a todo trabalho de igual valor, prestado ao mesmo empregador, no mesmo estabelecimento empresarial, corresponderá igual salário, sem distinção de sexo, etnia, nacionalidade ou idade.
>
> § 1º Trabalho de igual valor, para os fins deste Capítulo, será o que for feito com igual produtividade e com a mesma perfeição técnica, entre pessoas cuja diferença de tempo de serviço para o mesmo empregador não seja superior a quatro anos e a diferença de tempo na função não seja superior a dois anos.
>
> § 2º Os dispositivos deste artigo não prevalecerão quando o empregador tiver pessoal organizado em quadro de carreira ou adotar, por meio de norma interna da empresa ou de negociação coletiva, plano de cargos e salários, dispensada qualquer forma de homologação ou registro em órgão público.
>
> § 3º No caso do § 2º deste artigo, as promoções poderão ser feitas por merecimento e por antiguidade, ou por apenas um destes critérios, dentro de cada categoria profissional.
>
> § 4º O trabalhador readaptado em nova função por motivo de deficiência física ou mental atestada pelo órgão competente da Previdência Social não servirá de paradigma para fins de equiparação salarial.
>
> § 5º A equiparação salarial só será possível entre empregados contemporâneos no cargo ou na função, ficando vedada a indicação de paradigmas remotos, ainda que o paradigma contemporâneo tenha obtido a vantagem em ação judicial própria.
>
> § 6º No caso de comprovada discriminação por motivo de sexo ou etnia, o juízo determinará, além do pagamento das diferenças salariais devidas, multa, em favor do empregado discriminado, no valor de 50% (cinquenta por cento) do limite máximo dos benefícios do Regime Geral de Previdência Social.

Deve ser observado ponto bastante relevante quando se cogita de isonomia salarial. É o comando que emerge do item VI da Súmula n. 6 do TST, tratando de tema relativo à equiparação com paradigma que obteve melhoria em decorrência de decisão judicial:

> Súmula n. 6 – VI – Presentes os pressupostos do art. 461 da CLT, é irrelevante a circunstância de que o desnível salarial tenha origem em decisão judicial que beneficiou o paradigma, exceto: a) se decorrente de vantagem pessoal, de tese jurídica superada pela jurisprudência de Corte Superior; b) na hipótese de equiparação salarial em cadeia, suscitada em defesa, se o empregador produzir prova do alegado fato modificativo, impeditivo ou extintivo do direito à equiparação salarial em relação ao paradigma remoto, considerada irrelevante, para esse efeito, a existência de diferença de tempo de serviço na função superior a dois anos entre o reclamante e os empregados paradigmas componentes da cadeia equiparatória, à exceção do paradigma imediato.

A partir do art. 461 transcrito acima, é possível retirar os elementos que dão origem à equiparação salarial, que são seis, como demonstramos a seguir.

O primeiro é a *identidade de funções* que ocorre com relação às atividades desenvolvidas. Não se confunda cargo, que é gênero, com função, que é espécie. Não é o exercício de determinado cargo que confere possibilidade de equiparação, mas a identidade de atividades desenvolvidas. Nenhuma relevância possui a denominação dada pelo empregador à função ocupada por seu empregado. Nem mesmo a semelhança de denominações justifica uma pretendida equiparação. O que importa é a identidade de atividades exercidas pelo equiparando e pelo paradigma indicado. Em síntese, ambos devem fazer exatamente as mesmas tarefas. É exatamente nesse sentido o item III da Súmula n. 6 do TST:

> Súmula n. 6 – III – A equiparação salarial só é possível se o empregado e o paradigma exercerem a mesma função, desempenhando as mesmas tarefas, não importando se os cargos têm, ou não, a mesma denominação.

Para impedir a equiparação, cabe ao empregador provar os fatos que inviabilizam a pretensão do obreiro, conforme a mesma Súmula n. 6, VIII:

> Súmula n. 6 – VIII – É do empregador o ônus da prova do fato impeditivo, modificativo ou extintivo da equiparação salarial.

De notar, ademais, com relação aos servidores públicos, que é defesa a aplicação da regra do art. 461 da CLT, em decorrência do que dispõe o art. 37, XIII, da Constituição:

> Art. 37 – (...)
>
> (...)
>
> XIII – é vedada a vinculação ou equiparação de quaisquer espécies remuneratórias para o efeito de remuneração de pessoal do serviço público.

Em consonância com o preceito constitucional, o TST adotou a OJ n. 297 da SBDI-1, nos seguintes termos:

> OJ n. 297 – EQUIPARAÇÃO SALARIAL. SERVIDOR PÚBLICO DA ADMINISTRAÇÃO DIRETA, AUTÁRQUICA E FUNDACIONAL. ART. 37, XIII, DA CF/1988 – O art. 37, inciso XIII, da CF/1988, veda a equiparação de qualquer natureza para o efeito de remuneração do pessoal do serviço público, sendo juridicamente impossível a aplicação da norma infraconstitucional prevista no art. 461 da CLT quando se pleiteia equiparação salarial entre servidores públicos, independentemente de terem sido contratados pela CLT.

Com relação aos empregados de empresas públicas e sociedades de economia mista, no entanto, é possível a equiparação. Ambos encontram-se albergados pelo art. 173, § 1º, II, da Constituição:

> Art. 173 – (...)
>
> § 1º A lei estabelecerá o estatuto jurídico da empresa pública, da sociedade de economia mista e de suas subsidiárias que explorem atividade econômica de produção ou comercialização de bens ou de prestação de serviços, dispondo sobre:
>
> (...)
>
> II – a sujeição ao regime jurídico próprio das empresas privadas, inclusive quanto aos direitos e obrigações civis, comerciais, trabalhistas e tributários.

Especificamente quanto aos que trabalham em sociedades de economia mista, o TST adotou a OJ n. 353 da SBDI-1, assim redigida:

OJ N. 353 – EQUIPARAÇÃO SALARIAL. SOCIEDADE DE ECONOMIA MISTA. ART. 37, XIII, DA CF/1988. POSSIBILIDADE – À sociedade de economia mista não se aplica a vedação à equiparação prevista no art. 37, XIII, da CF/1988, pois, ao contratar empregados sob o regime da CLT, equipara-se a empregador privado, conforme disposto no art. 173, § 1º, II, da CF/1988.

Registre-se, também, ser irrelevante a coincidência ou não de horários de trabalho porquanto, como assinalado acima, o que importa é a identidade das funções desenvolvidas.

O segundo requisito da equiparação salarial é o *trabalho de igual valor*, que não deve ser interpretado considerando o valor pecuniário. Possui dupla significação. A primeira refere a *igual produtividade*, ou seja, deve haver identidade quantitativa entre os trabalhos do equiparando e do paradigma. A segunda importa em *perfeição técnica* similar, isto é, identidade qualitativa do trabalho desenvolvido por ambos, o que se aplica também ao trabalho intelectual, conforme a Súmula n. 6, VII:

Súmula n. 6 – VII – Desde que atendidos os requisitos do art. 461 da CLT, é possível a equiparação salarial de trabalho intelectual, que pode ser avaliado por sua perfeição técnica, cuja aferição terá critérios objetivos.

Com efeito, se o equiparando produz, no mesmo espaço temporal, igual quantidade de elementos, com a correção com que atua, em circunstâncias idênticas, o paradigma, é perfeitamente pertinente a equiparação pretendida.

O terceiro requisito da equiparação salarial é o **tempo de serviço**. As alterações promovidas em 2017 na CLT modificaram, significativamente, o entendimento de *tempo de serviço* para fins de equiparação salarial. Anteriormente, esse requisito significava que entre empregado e paradigma o tempo de serviço não poderia ser superior a dois anos na atividade cuja igualdade estava sendo pretendida, ou seja, o que importava não era o tempo de casa, de trabalho. A contagem desses dois anos era feita apenas pelo exercício da função e não pelo tempo de trabalho na empresa. Assim era Súmula n. 6, II do TST:

Súmula n. 6 – II – Para efeito de equiparação de salários em caso de trabalho igual, conta-se o tempo de serviço na função e não no emprego.

Na mesma linha, a Súmula n. 202 do STF:

Súmula n. 202 – Na equiparação de salário, em caso de trabalho igual, toma-se em conta o tempo de serviço na função, e não no emprego.

Agora não é apenas o tempo na função, mas também o tempo no emprego. Com efeito, existem dois elementos temporais que não podem ser examinados separadamente, mas de forma cumulativa. A diferença temporal entre paradigma e equiparando não pode ser maior de quatro anos na empresa, nem menor de dois anos na função. Assim, passaram a ter dois elementos, e não apenas um, para preencher esse requisito e ampliou-se o tempo de permanência do emprego.

Quanto ao terceiro requisito, é necessário que o equiparando e o paradigma indicado prestem serviços para o mesmo empregador ou, em caso de grupo econômico, para empregadores que exercem idêntica atividade econômica. A regra também se aplicaria em caso de cessão, conforme a Súmula n. 6, V, porém, como veremos em seguida, novos óbices foram introduzidos a equiparação, inclusive o trabalho no mesmo estabelecimento. Acreditamos que isso inviabiliza a pretensão sumular que dispõe:

> Súmula n. 6 – V – A cessão de empregados não exclui a equiparação salarial, embora exercida a função em órgão governamental estranho à cedente, se esta responde pelos salários do paradigma e do reclamante.

Tratar do requisito seguinte é enfrentar novidade da reforma. A regra anterior previa que a equiparação dar-se-ia considerando a mesma localidade de trabalho. Entenda-se por localidade não apenas o mesmo município, mas também a sua área metropolitana, ainda que o serviço seja desenvolvido em diferentes estabelecimentos do mesmo empregador. A Súmula n. 6, X, dispõe:

> Súmula n. 6 – X – O conceito de "mesma localidade" de que trata o art. 461 da CLT refere-se, em princípio, ao mesmo município, ou a municípios distintos que, comprovadamente, pertençam à mesma região metropolitana.

Atualmente, não se cuida mais de mesma localidade, mas de mesmo estabelecimento. Trata-se de uma condição completamente diversa da anterior. Em outros termos, embora trabalhe para determinada empresa, que possui diversos estabelecimentos, o equiparando não pode postular isonomia indicando como paradigma um seu colega que exerça as mesmas atividades suas, porém em estabelecimento diverso do seu, ainda que isso ocorra no mesmo município ou na mesma área metropolitana. O paradigma deve, necessariamente, trabalhar no mesmo local (estabelecimento) do equiparando. É assim que se encontra registrado no *caput* do art. 461 da CLT.

O requisito seguinte é o da contemporaneidade da prestação de serviços. No direito anterior, propugnava-se pela existência de simultaneidade da prestação de serviços entre equiparando e seu paradigma, mesmo que em tempo pretérito. Não se confundia simultaneidade com sucessividade, que não é a hipótese desse antigo requisito. Acerca da simultaneidade, a Súmula n. 6, IV, consagra:

> Súmula n. 6 – IV – É desnecessário que, ao tempo da reclamação sobre equiparação salarial, reclamante e paradigma estejam a serviço do estabelecimento, desde que o pedido se relacione com situação pretérita.

O § 5ª do art. 467 inova, ao prescrever que somente pode haver equiparação salarial entre empregados *contemporâneos no cargo ou na função*, sem possibilidade de indicar *paradigma remoto, ainda que o paradigma contemporâneo tenha obtido a vantagem em ação judicial própria.*

O texto, aparentemente confuso, permite deduzir o seguinte: 1) o paradigma deve ser empregado aquando da pretensão de isonomia, ou seja, não se pode indicar como paradigma aquele que não é mais empregado; 2) não se permite indicar paradigma remoto, isto é, veda-se a equiparação em cadeia. Importa, então, que o paradigma deve exercer a mesma atividade do equiparando por si, e não porque haver obtido essa condição mais favorável mediante postulação de equiparação, obtida em ação judicial.

Finalmente, a CLT, a partir da reforma de 2017, inovou no sentido de punir o empregador que nega a isonomia a seus empregados, punindo-o com multa de 50% do limite máximo dos benefícios do RGPS (art. 461, § 6º).

Para que ocorra a aplicação dessa penalidade, deve ser demonstrado ter havido prática de ato discriminatória patronal por motivo de sexo ou de etnia. Acreditamos que o legislador poderia ter sido bem mais amplo no elenco de possibilidades de discriminação, observando o *caput* do mesmo art. 461, e incluindo nacionalidade e idade dentre as possíveis motivações discriminatórias.

Ademais, como se trata de uma punição, entendemos que não importa em possibilitar ao empregado ofendido uma indenização por dano extrapatrimonial. O fato gerador dessa indenização é o mesmo da multa, e, pensamos, estaremos em um verdadeiro *bis in idem*.

15. Exceção

Exceção é um substantivo feminino (de origem latina *excedere*), que significa ir além da conta. É aquilo que não é comum, o que foge às regras habituais, e que, no mundo direito, inclui-se como uma das modalidades de defesa indireta. Proposta uma exceção, o proponente chama-se excipiente e a parte contra a qual é oposta é o excepto, e nela não se discute o mérito da ação, mas a falta de capacidade do magistrado para apreciar determinado tema, podendo ser de suspeição e de incompetência.

No processo do trabalho, podem ser opostas, com suspensão do feito, essas exceções de suspeição e de incompetência. Todas as demais podem ser alegadas como matéria de defesa (art. 799 e § 1º, da CLT), delas não cabendo recurso, salvo se terminativas do feito, podendo ser objeto de alegação da parte interessada aquando de interposição de eventual recurso (§ 2º do mesmo artigo). Quando terminativas do feito, caberá recurso ordinário, a ser interposto pela parte interessada.

A reforma trabalhista efetuada pela Lei n. 13.467/17 trouxe regras específicas para a exceção de incompetência territorial que é o caso mais incidente no cotidiano trabalhista, também chamada de incompetência em razão do lugar. Com efeito, o art. 651 da CLT determina a competência *pela localidade onde o empregado, reclamante ou reclamado, prestar serviços ao empregador, ainda que tenha sido contratado noutro local ou no estrangeiro*, com os seus §§ tratando das exceções à regra geral: agente ou viajante comercial (§ 1º), dissídio ocorrido no exterior envolvendo empregado brasileiro e sem tratado internacional dispondo em contrário (§ 2º), e empregador atuando fora do local da celebração do contrato, quando o empregado pode optar ou pelo foro do local da contratação ou da prestação dos serviços (§ 3º).

Afastada a aplicação subsidiária do CPC, porque agora os comandos celetistas são absolutamente claros e os prazos igualmente foram modificados, devemos considerar as disposições do art. 800 da CLT, na redação dada pela reforma trabalhista de 2017.

Temos, então, que, apresentada a exceção de incompetência, no prazo de cinco dias da notificação e antes da audiência, o processo é imediatamente suspenso (art. 800, *caput* e § 1º, da CLT). Deve ser a exceção apresentada em peça apartada, e a parte, se não a apresentar no primeiro momento em que se manifestar nos autos, dará ensejo à preclusão temporal, prorrogando a jurisdição no processo.

Ato contínuo, os autos serão levados ao magistrado que intimará o excepto (reclamante) e os litisconsortes (se houver) para manifestação no prazo comum de cinco dias (art. 800, § 2º, da CLT). E o prazo é comum porque hoje o processo judicial eletrônico não impõe a necessidade de vista de processo físico, que impunha a individualização das vistas.

Importante lembrar que, na exceção, não ocorre confissão ficta, como lecionado pelo saudoso Coqueijo Costa[(13)].

Após essas manifestações, retorna o processo ao juiz que avaliará da necessidade ou não de produzir prova oral, inclusive por carta precatória, se for o caso, no juízo indicado pelo exceto como competente (§ 3º do art. 800 da CLT). Observe-se que não nos parece de todo adequada essa limitação à prova oral: ouvir excipiente e suas testemunhas no juízo que se pretende competente. Pensamos que deveria ser possível a produção de qualquer prova, e não apenas a oral, e em qualquer local, questão que, se surgir, deverá ser dirimida pelo bom senso e sentido de justiça do julgador.

Encerrada a instrução da exceção, o juiz deve julgá-la. Da sentença que proferir, não caberá recurso. A decisão é interlocutória, irrecorrível nesse momento, salvo, segundo a Súmula n. 214/TST, nas hipóteses de decisão de TRT contrária à Súmula ou Orientação Jurisprudencial do TST; b) suscetível de impugnação mediante recurso para o mesmo Tribunal; c) que acolhe exceção de incompetência territorial, com a remessa dos autos para a outro Regional (art. 799, § 2º, da CLT). Significa, então, que, em caso de acolhimento da exceção, caberá interposição de recurso ordinário.

Decidida a exceção de incompetência em razão do lugar, o processo terá seu curso normal, com a designação de audiência, a apresentação de defesa e a instrução processual perante juízo competente (§ 4° do art. 800, da CLT).

Tratam-se as exceções de meios indiretos de defesa. A exceção de incompetência territorial, *ex ratione loci*, ganhou, a nosso ver, agilidade com a reforma trabalhista de 2017 na medida em que o processo do trabalho passou a ter suas próprias regras.

É importante lembrar que essas defesas indiretas não correspondem ao verdadeiro interesse da Justiça, e somente devem ser alegadas quando realmente indispensáveis, como ensinou o sempre lembrado Orlando Teixeira da Costa para que ocorra a *apreciação direta do direito substantivo controvertido*[(14)], ou seja, dos direitos trabalhistas que o trabalhador postula na Justiça do Trabalho.

(13) COSTA, Carlos Coqueijo Torreão da. *Direito processual do trabalho*. 3. ed. Rio de Janeiro: Forense, 1986. p. 298.

(14) COSTA, Orlando Teixeira da. *O direito do trabalho na sociedade moderna*. São Paulo: LTr, 1999. p. 180.

16. Férias

Em matéria de férias, a reforma da Lei n. 13.467/17 merece ser examinada de pronto em dois aspectos: 1) os critérios de concessão; e, 2) a negociação coletiva. Cuidaremos das férias no trabalho intermitente adiante, no ponto dedicado a esse tipo de atividade, da mesma forma como o seu fracionamento.

No primeiro aspecto, a reforma de 2017 alterou o **critério de concessão de férias**. Anteriormente, a regra era a concessão, em um só período, correspondente aos doze meses subsequentes ao aquisitivo (art. 134 da CLT), podendo ser fracionada em dois períodos, um dos quais nunca inferior a 10 dias corridos (§ 1º).

A mudança inicial foi exatamente nessa forma de fracionamento. De dois períodos, agora são permitidos três períodos, um deles não inferior a quatorze dias corridos, e os demais nunca inferiores a cinco dias corridos cada qual (novo § 1º). Essa regra, a nosso ver, viola a Convenção n. 132 da OIT, ratificada pelo Brasil, segundo a qual as férias devem decorrer de acordo entre as partes (empregado e empregador) de no mínimo duas semanas (quatorze dias), donde a parte final do § 1º contraria o art. 8, 2, da norma internacional. Está caracterizado o conflito de leis. Então, considerando o princípio da supralegalidade que o STF tem adotado, é crível que esse dispositivo tenha sua aplicação afastada pela Suprema Corte. Não sendo assim, poderá ser aplicado o critério da especialidade (*lex specialis derogat generalis*), ou seja, ou se aplica a Convenção n. 132 (lei específica) ou a CLT (lei geral).

Outra alteração é que a concessão não dependerá mais de ato do empregador. Essa regra não existe no novo *caput* do art. 134. Deduz então, que dependerá de concordância das partes, ou seja, mediante ajuste prévio entre empregador e obreiro, o que é uma medida salutar, porque, como está expresso, é necessária a concordância do empregado.

Altamente criticável na nova legislação é a revogação do § 2º do art. 134 consolidado que vedava o fracionamento das férias para os menores de dezoito anos e os maiores de cinquenta anos. Agora, trabalhadores com essas idades poderão fracionar suas férias, o que, de qualquer sorte, não é benéfico, considerando o principal objetivo das férias que é a recuperação do bem-estar do obreiro.

Em seguida, deve ser destacada, e não para criticar, que é proibido fixar o início de férias em período de dois dias antes de feriado ou dia de repouso semanal remunerado (§ 3º do art. 134), nada obstando puder ser concedido no dia subsequente a um desses eventos.

O segundo ponto é um alerta. Deve ser dada a devida atenção aos incisos XI e XII do art. 611-B. Consoante o *caput* deste artigo, é ilícito ***negociar coletivamente*** a supressão ou a redução do número de dias de férias devidas ao empregado e o gozo de férias anuais remuneradas com, pelo menos, um terço a mais do que o salário normal. É assim que estão redigidos os incisos XI e XII desse art. 611-B.

No entanto, o *caput* não está considerando absolutamente ilícito suprimir ou reduzir esses e outros direitos que enumera. O que o artigo diz é que suprimir ou reduzir é ilícito se, *exclusivamente*, ocorrer apenas a supressão ou redução desses direitos. Ou seja, se houver uma contrapartida, a concessão de qualquer benefício compensatório, o reconhecimento de alguma vantagem em troca da redução ou da supressão de um desses direitos, a medida não será mais ilícita, e, por corolário, não será proibida.

Eis um aspecto que deverá ser muito refletido por todos, patrões, empregados, magistrados, advogados, operadores do direito em geral, e, sobretudo os que estudam Direito do Trabalho. Qual é o significado real da expressão *exclusivamente*, que está no *caput* do art. 611-B da CLT? Tratamos deste tema mais adiante, sem descurar de sua estrita aplicação gramatical, mas também sem olvidar a vontade modernizadora do legislador.

16.1. Fracionamento de Férias

As férias foram consagradas, pela primeira vez no Brasil, na Constituição de 1934. Hoje, é um direito contemplado no art. 7º, XVII, da atual Lei Fundamental, como férias anuais remuneradas acrescidas de no mínimo um terço do salário normal.

Trata-se de uma importante conquista do trabalhador, que se destina a proteger a saúde do obreiro, permitindo-lhe recuperar a energia física que tinha investido no trabalho durante o ano, e, representando uma forma de retribuir o aumento de produtividade, dando mais tempo de ócio aos trabalhadores.

É importante assinalar que as férias no Brasil, como na grande maioria dos países, são remuneradas. Porém, nos Estados Unidos da América, diversamente, o Ato de Padrões Justos de Trabalho, de 1938, cuida do máximo de horas semanais de trabalho, critérios para pagamento de horas extraordinárias, trabalho infantil e salário mínimo, mas silencia quanto às férias. Assim, devemos considerar que, ali, quem tira férias não recebe absolutamente nada, embora algumas empresas costumem pagar cinco a quinze dias ditos como de férias a seus empregados.

Esse temor, todavia, não existe no Brasil, nem está presente na maioria dos países do planeta.

Na CLT, as férias serão concedidas, por ato do empregador, nos doze meses seguintes ao período aquisitivo (que também é de doze meses), e, regra geral, de uma só vez (art. 134).

Com a redação dada pela Lei n. 13.467/17, o § 1º desse artigo foi alterado. Até novembro de 2017, em casos excepcionais, as férias poderiam ser concedidas em dois períodos, um dos quais não poderia ser inferior a 10 dias corridos.

O novo comando prevê que, havendo concordância do empregado, "as férias poderão ser usufruídas em até três períodos, sendo que um deles não poderá ser inferior a quatorze dias corridos e os demais não poderão ser inferiores a cinco dias corridos, cada um".

Esse fracionamento atinge qualquer empregado, pouco importando sua idade, tendo em conta que foi revogado o § 2º do art. 134 que impedia qualquer fracionamento para os trabalhadores menos de dezoito anos e maiores de cinquenta anos de idade, para as quais as férias deveriam sempre ser concedidas de uma só vez.

Adiante, a lei brasileira contempla regra nova e bastante salutar para os trabalhadores: é proibido o início das férias dois dias antes de férias ou dia de repouso semanal remunerado (que preferencialmente — mas não necessariamente — pode ser um domingo). É o disposto no § 3º.

O fracionamento determinado pelo legislador brasileiro, de até três vezes, sendo uma de quatorze dias e duas de pelo menos cinco dias corridos, poderá ser interpretado como violação ao art. 8, 2, da Convenção n. 132 da OIT.

É esta Convenção n. 132, que cuida de férias anuais remuneradas, concluída em Genebra em 1970, e promulgada no Brasil pelo Decreto n. 3.197/99,

Esse tratado internacional permite o fracionamento das férias anuais remunerados, a partir de ato de autoridade competente (art. 8, 1), e aqui decorreu de lei aprovada pelo Congresso Nacional, porém, o § 2º dispõe:

> § 2º Salvo estipulação em contrário contida em acordo que vincule o empregador e a pessoa empregada em questão, e desde que a duração do serviço desta pessoa lhe dê direito a tal período de férias, nenhuma das frações do referido período deverá corresponder pelo menos a duas semanas de trabalho ininterruptos.

Isto significa que é inadequada a concessão de férias por períodos inferiores a quatorze dias corridos (duas semanas ininterruptas de trabalho).

Com isso, queremos dizer que o atual § 1º do art. 134 consolidado está em contradição com o disposto no art. 8, 2, da Convenção n. 132 da OIT, donde deve ser afastada a aplicação desse dispositivo legal, prevalecendo o preceito internacional.

O outro ponto que chama atenção no que refere não ao fracionamento, mas à concessão mesma das férias, é a regra insculpida no art. 136 consolidado: "A época da concessão das férias será a que melhor consulte os interesses do empregador".

Esse dispositivo vai em sentido oposto ao que está consagrado no art. 10 da Convenção n. 132 da OIT. As férias não devem ser concedidas conforme os interesses do empregador, mas determinadas por este após consulta ao empregado interessado ou seu representante, salvo se fixada em regulamento da empresa, norma coletiva (acordo ou convenção coletiva de trabalho) ou laudo (ou sentença) arbitral, ou qualquer outra modalidade conforme a pratica nacional, mas nunca por imposição legal, contrariando os princípios basilares que informam o Direito do Trabalho, e considerando, também, que o gozo das férias devem levar em conta tanto as necessidade do trabalho como as possibilidades de repouso e diversão do empregado (art. 10, 2, da Convenção n. 132).

Os aspectos que alinhavamos aqui estão a merecer bastante reflexão dos interlocutores sociais e podem, a nosso ver, ser resolvidos em boa parte mediante a negociação coletiva entre empregados e sindicatos de trabalhadores. Vale a pena refletir.

17. Fontes Subsidiárias

As fontes do Direito costumam ser divididas em dois grandes grupos. Existem fontes principais, que são as fundantes de determinado ramo do Direito, e as acessórias, que são complementares, supletivas, subsidiárias, servindo de reforço de compreensão ou como mecanismos para suprir eventual lacuna nas primeiras.

No Direito Internacional, as fontes estão elencadas no art. 38 do Estatuto da Corte Internacional de Justiça. As principais são os tratados, o costume internacional e os princípios gerais de direito. As acessórias são as decisões judiciárias, a doutrina dos grandes juristas e a equidade.

No Direito do Trabalho brasileiro, a principal fonte do direito positivo é a CLT, embora o mínimo esteja consagrado na Constituição de 1988.

Significa dizer que na CLT e na legislação extravagante que a complementa estão os elementos básicos das garantias dos direitos trabalhistas existentes em nosso país. Em tese, bastariam essas disposições específicas para que o mundo trabalho caminhasse bem.

Entretanto, podem ocorrer momentos em que a legislação principal não traga a solução ideal. Então, recorre-se às fontes supletivas.

Podemos dividir o Direito em material ou substantivo, com as regras básicas de convivência, e processual ou adjetivo, com os meios para a garantia daqueles direitos. Assim, também, o Direito do Trabalho. O Direito material está consubstanciado na CLT e na legislação extravagante (exemplos: leis tratando de FGTS, terceirização e trabalho temporário, gratificação de Natal, trabalho portuário, trabalho rural, profissões específicas e tantas mais).

Existem momentos em que as leis trabalhistas especificas precisam recorrer à complementação. Vai daí que encontramos dois dispositivos na CLT destinados a indicar os caminhos.

O primeiro era o antigo parágrafo único do art. 8º, cuja redação primitiva disponha:

> Parágrafo único – O direito comum será fonte subsidiária do direito do trabalho, naquilo em que não for incompatível com os princípios fundamentais deste.

Com a reforma trabalhista que, após a *vacatio legis*, passou a vigorar em novembro de 2017 (Lei n. 13.467), o parágrafo único foi transformado em § 1º do art. 8º e ficou assim redigido:

> § 1º O direito comum será fonte subsidiária do direito do trabalho.

Embora aparentemente sem muito significado, na verdade parece que o legislador tencionou, e mal, retirar a autonomia do Direito do Trabalho, conquistada no início do século passado, e alterar seus princípios fundantes, querendo, num certo aspecto, apenas transformá-lo em um Direito Civil de natureza obrigacional, privilegiando a autonomia privada individual e coletiva, ganhando viés nitidamente econômico, e olvidando, em diversos aspectos, o caráter altamente social de sua origem mesma, a fim de reduzir as desigualdades sociais.

Reinterpretar o § 1º do art. 8º jamais poderá significar retirar a natureza mesma do Direito do Trabalho. Afinal, a Constituição consagra, como seus princípios fundamentais, no art. 1º, a dignidade da pessoa humana (inciso III) e os valores sociais do trabalho e da livre iniciativa (inciso IV). Qualquer interpretação em sentido diverso, é retroativa e negativa desses fundamentos.

De outro lado, encontramos o art. 769 da CLT. Sua redação é a mesma de 1943, quando o texto consolidado foi aprovado por Vargas. Dispõe:

> Art. 769 – Nos casos omissos, o direito processual comum será fonte subsidiária do direito processual do trabalho, exceto naquilo em que for incompatível com as normas deste Título.

Trata-se de direito adjetivo, aquele que oferece os elementos para o processo e o procedimento. Mas, é importantíssimo ressaltar que o CPC é apenas fonte subsidiária.

Cuida-se. assim, de uma lei recente, de 2015, o Código *Fux* (o Ministro Luiz Fux, do STF, presidiu a comissão que redigiu o Anteprojeto), substitutivo do Código de 1973 (o Código *Buzaid*, então Ministro da Justiça). Trouxe, sem dúvida, muita modernização ao processo civil. Aliás, muita coisa inspirada no processo do trabalho original, mas, continua sendo subsidiário deste.

Ressaltamos esse aspecto porque existe uma incrível e lamentável tendência a invocar sempre e sempre as regras do processo comum (o civil) para resolver as questões trabalhistas, que sempre tiveram um processo especial.

Com efeito, apenas e tão somente para suprir a falta de previsão legal própria é que devem ser aplicadas as disposições do CPC. Jamais, devem servir de substitutivas das normas trabalhistas. Por que? Porque assim está no art. 769 consolidado: fonte subsidiária, que significa supletiva, inferior, complementar, suplementar, auxiliar, e jamais será principal ou substituta (não substitui, apenas complementa, suplementa).

Como existem temas que o processo do trabalho não atende, recorre-se ao CPC. Assim, por exemplo, em ação rescisória, desconsideração da personalidade jurídica (além das que constam da CLT), embargos de declaração, incidentes de resolução de demandas repetitivas e de assunção de competência, dentre outros, observadas, quando for o caso, os regramentos constantes dos regimentos internos dos Tribunais.

É, com efeito, nesse sentido e nesses limites, que deve ser entendido o caráter do direito comum (substantivo e adjetivo). Seja o Código Civil, seja o CPC, ambos são, para o Direito do Trabalho (material e processual) apenas fontes complementares, nunca fonte principal. As questões trabalhistas devem ser resolvidas com suas regras e, apenas quando constatada a absoluta ausência de direcionamento, devem ser aplicadas essas fontes auxiliares.

18. Gestante, Lactante e Insalubridade

Um dos temas mais preocupantes da humanidade é o seu próprio futuro. Dentre as cautelas a tomar, todos devemos preservar o momento mais sublime e expressivo da raça humana, que é a maternidade, daí se este o único motivo que exige de todos tratamento diferenciado à mulher que, nos momentos da maternidade (gestação, parto e amamentação), deve ser cuidada com maior distinção e com mais adequadas condições de trabalho.

A Lei n. 13.287, de 11.5.2016, acrescentou o art. 394-A à CLT, proibindo o trabalho da gestante ou da lactante em condição insalubre, durante os períodos respectivos, devendo, então, a trabalhadora nessas condições ser relotada em dependências salubres. A reforma de 2017 trouxe modificações a esse panorama protetivo. Assim, mudou a redação do art. 394-A, passando a registrar:

> Art. 394-A. Sem prejuízo de sua remuneração, nesta incluído o valor do adicional de insalubridade, a empregada deverá ser afastada de:
>
> I – atividades consideradas insalubres em grau máximo, enquanto durar a gestação;
>
> II – atividades consideradas insalubres em grau médio ou mínimo, quando apresentar atestado de saúde, emitido por médico de confiança da mulher, que recomende o afastamento durante a gestação;
>
> III – atividades consideradas insalubres em qualquer grau, quando apresentar atestado de saúde, emitido por médico de confiança da mulher, que recomende o afastamento durante a lactação.
>
> § 1º (VETADO)
>
> § 2º Cabe à empresa pagar o adicional de insalubridade à gestante ou à lactante, efetivando-se a compensação, observado o disposto no *art. 248 da Constituição Federal, por ocasião do recolhimento das contribuições incidentes sobre a folha de salários e demais rendimentos pagos ou creditados, a qualquer título, à pessoa física que lhe preste serviço.*
>
> § 3º *Quando não for possível que a gestante ou a lactante afastada nos termos do* ***caput*** deste artigo exerça suas atividades em local salubre na empresa, a hipótese será considerada como gravidez de risco e ensejará a percepção de salário-maternidade, nos termos da *Lei n.* 8.213, de 24 de julho de 1991, *durante todo o período de afastamento.*

Esse dispositivo enseja um elenco de comentários. Trata-se de mudança altamente prejudicial à mulher trabalhadora na maternidade. Quis corrigir a MP n. 808/2017, mas perdeu validade. Então, prevaleceu a modificação da Lei n. 13.467/17.

A CLT cuida de lactação, que é a produção do leite materno (fenômeno fisiológico hormonal), diversa de amamentação, que é o ato mesmo de fazer o aleitamento materno. Ambos são fundamentais para a maternidade, o maior momento da existência da humanidade, com a manutenção da espécie humana. Pensamos que as expressões *lactação* e *lactante* querem se reportar também à figura da amamentação, e assim deve ser entendido o alcance da norma consolidada.

Para gestantes e lactantes, o empregador deve pagar o adicional de insalubridade, compensando-o com as contribuições previdenciários a recolher (§ 2º do art. 394-A), observando-se que poderá ser afastada, com percepção de salário-maternidade, quando a empregada afastada não puder exercer atividades em local salubre.

Com efeito, foram criadas três situações específicas, dependendo do grau do ambiente ou trabalho insalubre: 1) vedado o trabalho em ambiente de grau máximo de insalubridade; 2) permitido o trabalho em atividades de grau médio ou mínimo, mediante apresentação de atestado de saúde, emitido por médico de confiança da mulher, que pode ser profissional privado ou pertencente ao sistema público de saúde, recomendando o afastamento no período gestacional; 3) afastamento da mulher, em qualquer atividade insalubre, pouco importando o grau, mediante atestado médico nas mesmas condições anteriores, recomendando o afastamento durante a lactação.

Quando não for possível o exercício da atividade de mulher em local salubre, deve ser considerada gravidez de risco, percebendo a trabalhadora salário-maternidade durante o período de afastamento (§ 3º do art. 394-A, da CLT).

Impende assinalar que, seja o texto da Lei n. 13.487/17, seja o pretendido pela MP n. 808/17), sem validade, não melhorou em nada a situação da mulher gestante ou lactante, que continua sendo vulnerável, colocando em perigo a sua vida e de seu filho, o que é insensatez completa, considerando a própria condição de fragilidade de ambos nesses momentos.

19. Gorjeta

A origem da gorjeta remonta à antiguidade. Na Grécia existia com o nome de pecúlio. Em Roma, chamava-se espórtula. Na Alemanha teria sido usada pela primeira vez, em 1509, quando um cliente deu um *trinkgeld* (seu nome primitivo) a um artesão. No século XIX, era praticado nos bares da Inglaterra.

A gorjeta brasileira é a mesma praticada na maioria dos países, cada qual com sua forma específica de designação. Assim, em espanhol, chama-se *punta* ou *propina*; é *tip*, em inglês; *suplementaire* ou *pointe*, em francês; e *spitze*, em alemão.

É praticada na maioria mas não na totalidade dos países, porque existem alguns que não a adotam e, em outros, o simples oferecimento desse *agrado* a um empregado representa grave ofensa à sua honra. Assim, não costuma ser adotada gorjeta na Nova Zelândia, Finlândia, Malásia, Singapura, Coreia do Sul, China e Japão. Em outros, existe costume de seu pagamento em percentual sobre a despesa efetuada, como veremos adiante.

A Lei n. 13.419, de 13.3.2017, cuida do rateio entre empregados da cobrança adicional sobre as despesas em bares, restaurantes, hotéis, motéis e estabelecimentos similares, modificando significativamente seu tratamento no Brasil.

Para a OIT, a expressão gorjeta significa o dinheiro que o cliente de hotel, restaurante ou similar dá voluntariamente ao trabalhador, além do que deve pagar pelos serviços recebidos (art. 6º, 1, da Convenção n. 172).

Conforme a redação primitiva do art. 457, § 3º, da CLT, tratava-se de uma gratificação paga por terceiro a um empregado em retribuição a algum serviço prestado, ou cobrada pelo empregador do terceiro para repasse ao empregado, integrando a remuneração deste. Agora, o dispositivo registra:

> § 3º Considera-se gorjeta não só a importância espontaneamente dada pelo cliente ao empregado, como também o valor cobrado pela empresa, como serviço ou adicional, a qualquer título, e destinado à distribuição aos empregados.

Esse rateio não possui critério legal de distribuição, ficando, então, dependendo da vontade dos empregados em comum acordo com o empregador. Sendo assim, se o cliente espontânea e voluntariamente der uma gorjeta ao empregado que o atendeu bem, esta irá integrar a remuneração do trabalhador, repercutir nos seus direitos, inclusive nos depósitos do FGTS e necessariamente nos recolhimentos ao Fisco.

Beneficiando o trabalhador, a média das gorjetas dos últimos doze meses deverá ser anotada na CTPS do empregado, juntamente com o valor do salário fixo, e essa média passa a se incorporar no seu salário. São os termos do art. 7º da Portaria MTb n. 349/18, dispondo que as empresas deverão anotar na CTPS dos empregadores, além do salário fixo, a média dos valores das gorjetas referente aos últimos doze meses.

Pelo sistema alemão, as gorjetas são obrigatórias, quando aparecem desde logo na nota de despesa a ser paga pelo cliente. O sistema latino admite que sejam facultativas, quando espontaneamente dados pelo usuário ao empregado.

Importa que o Brasil adotou um sistema misto de gorjeta, porque em alguns estabelecimentos sua cobrança aparece nas notas e, em outras, o valor é livremente ajustado entre cliente e empregado. E isto não se alterou com as regras introduzidas em 2017.

Independentemente, porém, de ser ou não facultativa, a gorjeta, também conhecida como *propina*, integra a remuneração do empregado, nos termos da Súmula n. 354 do TST:

> SÚMULA N. 354 – GORJETAS. NATUREZA JURÍDICA. REPERCUSSÕES – As gorjetas, cobradas pelo empregador na nota de serviço ou oferecidas espontaneamente pelos clientes, integram a remuneração do empregado, não servindo de base de cálculo para as parcelas de aviso-prévio, adicional noturno, horas extras e repouso semanal remunerado.

Ensina Ferreira Prunes que,

> A natureza das gorjetas é de caráter trabalhista, sendo remuneração ao trabalho do empregado. Pelo simples fato de ser abonada por terceiros, nem por isso perde suas características paralelas de salário, formando com este último um todo harmônico e totalmente dentro de nossa disciplina[15].

Outras regras tratando de gorjeta foram pretendidas ser acrescentadas à CLT por meio da MP n. 808/17, porém, como reiteradamente temos assinalado, essa norma temporária teve sua vigência encerrada, e, com isso, as mudanças que pretendia deixaram de vigorar.

---

(15) FERREIRA PRUNES, José Luiz. *As gorjetas no direito brasileiro do trabalho*. São Paulo: LTr, 1982. p. 61.

20. Grupo Econômico

De acordo com o art. 2º da CLT:

> Art. 2º Considera-se empregador a empresa, individual ou coletiva, que, assumindo os riscos da atividade econômica, admite, assalaria e dirige a prestação pessoal de serviço.

O § 2º, com a redação dada pela Lei n. 13.467/17, passou a registrar o seguinte:

> § 2º Sempre que uma ou mais empresas, tendo, embora, cada uma delas, personalidade jurídica própria, estiverem sob a direção, controle ou administração de outra, ou ainda quando, mesmo guardando cada uma sua autonomia, integrem grupo econômico, serão responsáveis solidariamente pelas obrigações decorrentes da relação de emprego.

Em seguida, o § 3º esclareceu:

> § 3º Não caracteriza grupo econômico a mera identidade de sócios, sendo necessárias, para a configuração do grupo, a demonstração do interesse integrado, a efetiva comunhão de interesses e a atuação conjunta das empresas dele integrantes.

Esse § 3º não existia até a Lei n. 13.467/17 acrescentá-lo na CLT.

A partir desses novos elementos, temos o que deve, hoje, para o Direito do Trabalho brasileiro, ser considerado *grupo econômico*. Esses traços caracterizadores vão influenciar sobretudo quando empresas são acionadas perante a Justiça do Trabalho e é pretendida a identificação de grupo econômico a fim de que ocorra uma condenação solidária entre todos e o credor trabalhista tenha mínima chance de ter seus créditos recebidos.

Geralmente temos dois tipos de grupo econômico: o hierarquizado, também chamado de vertical ou sob subordinação, na qual existe uma empresa principal que dirige as demais subordinadas; e o não-hierarquizado, ou horizontal ou coordenado, quando todas as integrantes do grupo encontram-se em pé de igualdade.

Num ou noutro caso é necessária a existência simultânea de diversos requisitos. Cada uma das empresas integrantes do grupo deve possuir sua personalidade jurídica própria, e, necessariamente deve o grupo possuir sócios em comum, da mesma forma como devem, preferencialmente, ser as empresas estabelecidas no mesmo endereço.

Mas não é isso o que agora é realmente essencial. Serem os mesmos sócios pouco significa, bem como sua localização física (existem empresas virtuais). O importante é, com a nova ordem jurídica, que fique claramente demonstrado o controle administrativo, operacional e financeiro do grupo.

O § 3º do art. 2º consolidado elenca os três requisitos fundamentais para caracterizar a existência de grupo econômico. O primeiro é *a demonstração do interesse integrado*. O segundo é *a efetiva comunhão de interesses*. O último é *a atuação conjunta das empresas dele integrantes*.

Com esse novo entendimento legislativo, fica afastada a ideia do grupo econômico de fato, que, por longo tempo, serviu de elemento de convicção para a Justiça do Trabalho. Serem os mesmos sócios, funcionar no mesmo local, ter a mesma finalidade, não é mais o bastante.

O grande problema está no fato de serem conceitos jurídicos extremamente indeterminados as expressões que formalizam os requisitos legais fundamentais da existência do grupo econômico: interesse integrado (no sentido de compartilhado), comunhão de interesses (em contabilidade é a unificação de interesses) e atuação conjunta (simultaneamente), acrescida da necessidade de serem os três identificados, porque são cumulativos.

Se superado esse óbice, identificados esses elementos, e reconhecida a existência dessa figura jurídica, temos que a empresa principal e as empresas subordinadas, no caso de grupo verticalizado, são solidariamente responsáveis pelos eventuais créditos daquele trabalhador que desenvolveu atividade para o grupo.

A mesma situação se repete com relação do grupo coordenado, podendo, numa ou noutra hipótese, o trabalhador reivindicar seus direitos de uma ou de todas as empresas integrantes.

A principal questão, no entanto, está no preenchimento dos três novos traços caracterizadores do grupo econômico e, no particular, caberá ao bom senso dos juízes e tribunais do trabalho do Brasil a adequada interpretação do texto legal para a manutenção das boas relações entre capital e trabalho.

21. Honorários Advocatícios

Existem três tipos de honorários advocatícios: contratuais, arbitrados e sucumbenciais. Os contratuais são decorrentes de contrato firmado entre advogado e cliente, e que este pagará aquele pouco importando o resultado da questão em juízo. Os honorários arbitrados são aqueles devidos ao advogado quando não existe contrato com o cliente, e que o juiz arbitra, de acordo com seu prudente arbítrio, obedecendo a regra do art. 22 do Estatuto da Advocacia (Lei n. 8.906/94). Os honorários sucumbenciais decorrem de um processo judicial em que a parte perdedora (sucumbente) deve pagar o advogado do vencedor, variando entre 10% a 20% do valor final da condenação, do proveito econômico obtido ou, não sendo possível mensurá-lo, sobre o valor atualizado da causa, conforme fixar o juiz. É a disposição do art. 85, § 2º, do CPC.

Na Justiça do Trabalho não existiam honorários de sucumbência que passaram a ser admitidos na sua plenitude a partir da vigência das mudanças introduzidas na CLT pela Lei n. 13.467/17.

Era assim porque ainda persistia (e persiste) o *jus postulandi* da parte, conforme o art. 839, alínea "*a*", da CLT, que permite que a reclamação seja apresentada pelos empregados e empregadores pessoalmente. A única exceção aceita é para a hipótese da Lei n. 5.584/74, quando o empregado reclama assistido de seu sindicato de classe e recebe menos que dois salários mínimos, e algumas outras poucas e isoladas hipóteses, constantes da Súmula n. 219 do TST, como a ação rescisória.

Para contornar a injustiça que a lei cometia com os advogados trabalhistas, e considerando o aumento do número de reclamações postulando indenização por dano material decorrente da contratação de advogado, alguns julgados passaram a deferir esse pleito, e, ao cabo, tribunais (como o TRT da 8ª Região, de Belém) adotaram tese jurídica prevalecente a respeito. No TRT-8, é a Tese Jurídica Prevalecente (TJP) 01, assim ementada:

> TJP n. 01 – Indenização por dano material decorrente de despesas por contratação de advogado – Arts. 186, 187 e 927 do Código Civil: Empregador que descumpre a legislação violando direito e levando empregado a contratar advogado para reclamar o que lhe é devido comete ato ilícito, causa dano material e fica obrigado a repará-lo com pagamento de indenização conforme dicção e inteligência dos arts. 186, 187 e 927 do Código Civil.

A partir de novembro de 2017, os advogados trabalhistas passaram a ter direito a honorários sucumbenciais, sem que terminasse o *jus postulandi*, que está em crescente desuso. Como resultado, não tudo leva a acreditar que terminou o direito à postular a indenização por dano material referida. Cabem, sim, honorários sucumbenciais.

De acordo com a Instrução Normativa n. 41/2018, do TST, a condenação em honorários advocatícios sucumbenciais somente se aplica às ações propostas após novembro de 2017.

Para fixar esses honorários, o Juiz do Trabalho deve considerar os mesmos elementos que o CPC prevê para o Juiz comum examinar ao atribuir honorários aos advogados que atuem nos demais ramos do Judiciário: grau de zelo do profissional; lugar de prestação do serviço; natureza e importância da causa; e trabalho realizado pelo advogado e o tempo exigido para o seu serviço (§ 2º do novo art. 791-A da CLT e § 2º do art. 85 do CPC).

Mas, é aqui que mora grave problema e estranha discriminação. Enquanto nos demais segmentos do Poder Judiciário brasileiro os honorários de sucumbência são fixados entre 10% e 20%, na Justiça do Trabalho, eles serão fixados entre 5% e 15% (art. 791-A, *caput*, da CLT), e respondidos pelo perdedor (reclamante ou reclamado).

Não iremos tecer outras considerações sobre os honorários na Justiça do Trabalho, que envolvem ações contra a Fazenda Pública, em que participe sindicato de classe, em que haja concessão de gratuidade na Justiça ou em caso de reconvenção (art. 791-A, §§ 1º, 4º e 5º). O que chama gravemente a atenção, e profundamente lamentável, é o tratamento altamente discriminatório que o novo art. 791-A atribui ao advogado trabalhista.

No exercício da magistratura de carreira há quase quarenta anos, podemos afirmar que conhecemos a excelência, a seriedade e a competência de diversos advogados trabalhistas que atuam na 8ª Região e em outros tribunais brasileiros, inclusive no Tribunal Superior em Brasília. Não vemos nesses profissionais nada que os diminua em relação aos demais colegas advogados que atuam em outros segmentos do Judiciário. Entendemos, com todas as vênias, que esse tratamento ofende o art. 5º, *caput*, da Constituição da República, violando a insuperável regra da igualdade.

Aristóteles dizia que devemos tratar com desigualdade os desiguais e com igualdade os iguais. Os advogados trabalhistas e os que não atuam na Justiça do Trabalho são exatamente iguais, em direitos, deveres e formação profissional aos demais. Não vemos como se adotar esse diferencial de honorários de sucumbência a menor apenas para os dedicados advogadostrabalhistas. É o que pensamos, salvo melhor juízo, esperando que, em breve, essa discriminação seja corrigida.

22. Horário *In Itinere*

O tempo de deslocamento do trabalhador, de sua residência até o local de trabalho de difícil acesso ou não serviço por transporte público regular e o retorno respectivo era computável na jornada de trabalho. Este é um antigo precedente jurisprudencial do TST, constante da Súmula n. 90 e com outras regras por meio da Súmula n. 320. A matéria estava absolutamente pacificada com o § 2º do art. 58 da CLT, acrescido pela Lei n. 10.243/01, registrando:

> § 2º O tempo despendido pelo empregado até o local de trabalho e para o seu retorno, por qualquer meio de transporte, não será computado na jornada de trabalho, salvo quando, tratando-se de local de difícil acesso ou não servido por transporte público, o empregador fornecer a condução.

Desde novembro de 2017, passou a reger a matéria a regra nova contemplada no § 2º do art. 58, dispondo:

> § 2º O tempo despendido pelo empregado desde a sua residência até a efetiva ocupação do posto de trabalho e para o seu retorno, caminhando ou por qualquer meio de transporte, inclusive o fornecido pelo empregador, não será computado na jornada de trabalho, por não ser tempo à disposição do empregador.

A novidade não é apenas a exclusão desse tempo de deslocamento. Vai muito mais além.

O ponto de partida permanece: a residência do empregado. Muda o destino. Antes era *o local de trabalho*, ou seja, em uma empresa que funcione em vários galpões, ocupando grande espaço, o tempo *in itinere* terminaria quando o empregado, à entrada da firma, marcasse seu ponto, e, a partir daí, estaria em jornada normal. Agora, não mais. O tempo *in itinere* não computa para nada, e a jornada de trabalho (tempo à disposição do empregador) somente terá início no momento exato em que o empregado chegar a seu ponto de trabalho. No exemplo acima: quando chegar ao galpão onde trabalha e, provavelmente, a partir do momento em que estiver no efetivo local da prestação de trabalho, registrar seu ponto.

Em outros termos, não possui mais razões para subsistir a Súmula n. 429 do TST que dispõe:

> Súmula n. 429 – Tempo à disposição do empregador. Art. 4º da CLT. Período de deslocamento entre a portaria e o local de trabalho – Considera-se à disposição do empregador, na forma do art. 4º da CLT, o tempo necessário ao deslocamento do trabalhador entre a portaria da empresa e o local de trabalho, desde que supere o limite de 10 (dez) minutos diários.

Esse tempo, como assinalado, a nova regra exclui, referindo expressamente a *posto de trabalho*, e não mais *local de trabalho*.

Outro ponto é que não importa seja o local de trabalho de difícil acesso, seja não servido por transporte público regular, forneça ou não o empregador transporte para o trecho a ser percorrido para o deslocamento do obreiro total ou parcialmente.

De acordo com as regras em vigor, a forma de deslocamento é irrelevante. Simplesmente não fará parte da jornada de trabalho, ainda que seja caminhando ou por qualquer meio de transporte, como está expresso no atual § 2º do art. 58 da CLT.

Com essa providência legislativa, alterando profundamente antigo entendimento jurisprudencial e modificando a lei então vigente, haverá significativa perda para o trabalhador, considerando, sobretudo, os locais de trabalho cujo acesso é efetivamente difícil. Esse tipo de local é frequentemente encontrável em áreas rurais e, máxime no distante interior da Amazônia, e o tempo que o empregado leva, hoje, de sua casa até o local de trabalho, continuará a ser o mesmo, mas não será considerado para fins de computo na jornada de trabalho e, por corolário, para fins de recebimento de salário.

O TRT da 8ª Região aprovou a Súmula n. 40, sobre horário *in itinere* na Usina Hidrelétrica de Tucuruí, no Pará. Naquela oportunidade, foi criteriosamente examinada a realidade local e fixados períodos de deslocamento considerando, a partir da Vila Permanente dois destinos específicos: setor administrativo da usina e edifício de comando da usina, afastando o tempo despendido entre a portaria da usina e a catraca onde é registrada a frequência. Essa súmula também não deverá sobreviver aos efeitos das mudanças.

Como as novas regras privilegiam o negociado sobre o legislado, a proibição de pagamento de horas *in itinere* não exclui a possibilidade de, por negociação coletiva, ser criado um adicional de deslocamento ou mesmo o computo desse horário de deslocamento na jornada de trabalho, porque, conforme o n. I do art. 611-A, é possível pactuar acerca de jornada de trabalho, observados os limites constitucionais.

23. Intervalos

No cotidiano do trabalhador, sua jornada possui diversos períodos de intervalo. Certamente, o das férias é o mais longo, embora existam outros, menores, mas igualmente importantes. Vejamos alguns, considerando, sobretudo, as mudanças introduzidas pela Lei n. 13.467/17.

A jornada semanal de trabalho contempla três tipos específicos de intervalos: o intrajornada, o interjornada e o pré-jornada suplementar, que é excepcional. Encontramos, ainda, o intervalo semanal, que é o repouso semanal remunerado, e alguns intervalos específicos.

O primeiro (intrajornada) é aquele que ocorre durante a jornada diária de trabalho, variando de acordo com a espécie de atividade desenvolvida, destinando-se a possibilitar a recuperação das energias do empregado para continuar o regular labor diário, e não sofre remuneração alguma.

O segundo (interjornada) ocorre entre a jornada de um dia e a de outro, com duração certa de onze horas consecutivas, conforme o art. 66 da CLT, igualmente sem remuneração.

O terceiro (pré-jornada suplementar) era o intervalo objeto do art. 384 consolidado, revogado pela Lei n. 13.467/17, aplicável somente quando ocorria prorrogação de jornada para além dos limites de normalidade.

O intervalo semanal ou hebdomadário é o repouso ou descanso semanal remunerado, a ser apreciada em momento específico, e que se aplica aos feriados, conforme o art. 1º da Lei n. 605, de 5.1.1949:

> Art. 1º Todo empregado tem direito ao repouso semanal remunerado de vinte e quatro horas consecutivas, preferentemente aos domingos e, nos limites das exigências técnicas das empresas, nos feriados civis e religiosos, de acordo com a tradição local.

O intervalo intrajornada é dividido, por Mauricio Godinho Delgado, em duas espécies: comum e especial[16]. No primeiro, encontra-se aquele aplicável a todos os trabalhadores. No seguinte, apenas a determinadas categorias profissionais.

A CLT prevê o intervalo intrajornada regular de uma e duas horas quando a jornada de trabalho excede a seis horas (art. 71), e de quinze minutos para jornada de quatro horas a até seis horas de trabalho (§ 1º), intervalos esses que não são computados na duração diária do labor (§ 2º).

O limite mínimo de uma hora, de que trata o *caput* do art. 71, pode ser reduzido por ato do Ministério do Trabalho, quando o local de trabalho possuir refeitórios, desde que os empregados não tenham prorrogação de horas suplementares (art. 71, § 3º, da CLT).

---

(16) DELGADO, Mauricio Godinho. *Curso de direito do trabalho.* 11. ed. São Paulo: LTr, 2012. p. 902.

A matéria é regulada na Portaria n. 1.095, de 19.5.2010, cujo art. 1º dispõe:

Art. 1º A redução do intervalo intrajornada de que trata o art. 71, § 3º, da Consolidação das Leis do Trabalho (CLT) poderá ser deferida por ato de autoridade do Ministério do Trabalho e Emprego quando prevista em convenção ou acordo coletivo de trabalho, desde que os estabelecimentos abrangidos pelo seu âmbito de incidência atendam integralmente às exigências concernentes à organização dos refeitórios, e quando os respectivos empregados não estiverem sob regime de trabalho prorrogado a horas suplementares.

Desse ato ministerial decorre aparente violação do princípio da liberdade sindical, porque atribui competência ao Ministério do Trabalho, para reduzir o intervalo intrajornada se atendidas exigências para organização de refeitórios e quanto à jornada dos empregados, dando como que um *aval* às normas coletivas negociadas.

A nova redação do § 4º do art. 71 trouxe mudanças no entendimento pretérito, na medida em que manda apenas que seja efetuado *o pagamento, de natureza indenizatória* [não remuneratória], *apenas do período suprimido, com acréscimo de 50% (cinquenta por cento) sobre o valor da remuneração da hora normal de trabalho*, e não mais do período integral.

Regra específica existe para atender serviços e condições especiais de trabalho (rodoviários de modo geral), conforme o § 5º do mesmo artigo:

§ 5º O intervalo expresso no *caput* poderá ser reduzido e/ou fracionado, e aquele estabelecido no § 1º poderá ser fracionado, quando compreendidos entre o término da primeira hora trabalhada e o início da última hora trabalhada, desde que previsto em convenção ou acordo coletivo de trabalho, ante a natureza do serviço e em virtude das condições especiais de trabalho a que são submetidos estritamente os motoristas, cobradores, fiscalização de campo e afins nos serviços de operação de veículos rodoviários, empregados no setor de transporte coletivo de passageiros, mantida a remuneração e concedidos intervalos para descanso menores ao final de cada viagem.

A novidade trazida pela reforma de 2017 está no art. 611-A que permite negociar, coletivamente, o intervalo intrajornada, respeitado o limite mínimo de trinta minutos para jornadas superiores a seis horas (inciso III). Essa disposição vai contra a posição adotada pelo TST, por meio da OJ n. 342, que, primeiro, veda a negociação para suprimir ou reduzir o intervalo em qualquer situação, diversamente da Portaria referida acima, e, segundo, excepciona apenas para condutores e cobradores de veículos rodoviários (transporte público coletivo urbano), na linha do § 5º do mesmo art. 71.

Algumas atividades específicas (mecanografia, frigoríficos, mineiros) possuem intervalo intrajornada diferenciado, conforme veremos adiante ao exame da jornada de algumas delas.

Aspecto controverso, todavia, é o que respeita à redução desse intervalo, mediante negociação coletiva.

Em decorrência do previsto no inciso XXVI do art. 7º da Constituição, dada a prevalência do negociado sobre o legislado, deve ser admitida a possibilidade de, por via de acordo ou convenção coletiva de trabalho, ser aumentado o intervalo intrajornada para além de duas horas, desde que seja fixado o tempo exato a ser observado.

Chegamos, no passado a considerar a nulidade de cláusula convencional nesse sentido[17], porém, três fatores precisam ser considerados. Primeiro, a regra insculpida no art. 71, *caput*, da

(17) Cf. Acórdão TRT 4ª T. RO 0000054-39.2012.5.08.0117, de 27.11.2012 (Siderúrgica Norte Brasil S/A e Translíder Ltda. *VS.* os mesmos e Ernandes Barbosa de Oliveira).

CLT, reporta-se à impossibilidade de redução e não de aumento do tempo de intervalo. Segundo, a própria Constituição prestigia a negociação coletiva o que importa na possibilidade dessa alteração. Terceiro, o aparente prejuízo ao trabalhador, impossibilidade de retornar a sua residência e, depois, voltar ao trabalho, *v. g.*, considerando as dificuldades naturais do trânsito nas grandes cidades, é um argumento fático considerável, porém, não importa em violar sua dignidade, sua saúde ou seu valor enquanto ser humano. Trata-se de um problema de mobilidade humana e não significa que, necessariamente, o trabalhador, em horário de intervalo, tenha que retornar a sua residência. Pensamos que se trata de um argumento falacioso pretender impedir essa mudança com esse fundamento. O que é indispensável, sim, é a fixação exata do novo período de intervalo.

Seguindo essa linha de raciocínio, mas em sentido inverso, como deveremos enfrentar a possibilidade de redução do dito intervalo, conforme preconizado pelo inciso III do art. 611-A? Pensamos, *data venia*, que esse mecanismo, fruto da autonomia privada coletiva, atenderá igualmente às partes (trabalhador e empregador). Existem razões para admitir. Uma, ao ficar até duas horas sem poder, na realidade, se deslocar até sua residência, o tempo ocioso não resulta em nada de utilidade para o trabalhador. Assim, menor o intervalo, o obreiro poderá retornar a sua atividade. Duas retomando mais cedo o trabalho, findo o intervalo, o empregado concluirá também mais cedo sua jornada diária. Então, se antes saia às 18 h, poderá deixar o local até 1,30 h antes, ou seja, às 16,30 h, e retornar ao convívio familiar ou desempenhar outras atividades de seu próprio interesse. Acreditamos que isso seja mais benéfico ao trabalhador do que o argumento, nem sempre realmente válido, de que repousará menos.

Então, considerando as possibilidades de ampliação (que continua viável) ou de redução (que é a novidade), pensamos que ambos os sistemas, que serão necessariamente negociados coletivamente, podem representar o atendimento às postulações dos interlocutores sociais.

Quanto ao intervalo interjornada, é ele destinado para o empregado poder recuperar-se de um dia de trabalho. Entre duas jornadas, entre um e outro dias, por um período mínimo de onze horas consecutivas após o trabalho, o obreiro tem direito a descansar. É a regra do art. 66 da CLT:

> Art. 66. Entre 2 (duas) jornadas de trabalho haverá um período mínimo de 11 (onze) horas consecutivas para descanso.

A inexistência do intervalo dessas onze horas não resulta em pagamento de horas extravagantes, salvo se a jornada do obreiro se estender para além de oito horas diárias e pelas horas excedentes.

Na ocorrência de repouso semanal remunerado, o intervalo interjornada será de 35 horas porque, às onze horas deste devem ser acrescentadas as 24 horas do repouso.

Finalmente, vejamos o intervalo pré-jornada suplementar. Lamentavelmente, o legislador reformista revogou o art. 384 da CLT, e, com ele, levou o parágrafo único do art. 413 consolidado.

O primeiro previa que, em caso de prorrogação do horário normal, seria obrigatório para a mulher um descanso de quinze minutos no mínimo, antes do início do período extraordinário do trabalho. O segundo estendia esse benefício aos trabalhadores menores de dezoito anos, independentemente de sexo.

Embora, defendamos que, por força dos arts. 5º, I, e 7º, XXX, da Constituição esse intervalo fosse devido também aos homens, o STF entendeu que sua aplicação destinava-se apenas às mulheres, com repercussão geral. Foi o que decidiu no RE n. 658.312-SC (Rel.: Ministro Dias Toffoli), conquanto pareça ser uma decisão discriminatória.

Agora, no entanto, a regra não existe mais na lei brasileira, logo, nem mulher, nem menor, nem homem têm direito a esse intervalo. A jornada extravagante simples será prorrogada de forma direta e imediata após o término da jornada regular, o que é lamentável[18]. Eventuais debates acerca de quem tem direito a esse benefício se tornou desnecessário. Espera-se, todavia, que, pela via da negociação coletiva, agora com tratamento mais amplo e pleno apoio e incentivo legais, possa ser incluído em normas coletivas.

Além dos intervalos mais frequentes que referimos acima, existem alguns outros específicos para situações determinadas, a saber: intervalo para recuperação térmica, intervalo para trabalhadores em minas de subsolo e intervalo em serviços de mecanografia e digitação, dentre outros, que passamos a examinar.

O intervalo para recuperação térmica, ou simplesmente intervalo térmico, está previsto no art. 253 da CLT:

> Art. 253 – Para os empregados que trabalham no interior das câmaras frigoríficas e para os que movimentam mercadorias do ambiente quente ou normal para o frio e vice-versa, depois de 1 (uma) hora e 40 (quarenta) minutos de trabalho contínuo, será assegurado um período de 20 (vinte) minutos de repouso, computado esse intervalo como de trabalho efetivo.
>
> Parágrafo único – Considera-se artificialmente frio, para os fins do presente artigo, o que for inferior, nas primeira, segunda e terceira zonas climáticas do mapa oficial do Ministério do Trabalho, Indústria e Comércio, a 15º (quinze graus), na quarta zona a 12° (doze graus), e nas quinta, sexta e sétima zonas a 10° (dez graus).

Esse intervalo é um momento de interrupção do contrato de trabalho, significando que é computável ao tempo de trabalho efetivo.

Deve ser considerado esse intervalo também para o trabalho contínuo em ambientes artificialmente frios, nos termos da Súmula n. 438 do TST:

> Súmula n. 438 – INTERVALO PARA RECUPERAÇÃO TÉRMICA DO EMPREGADO. AMBIENTE ARTIFICIALMENTE FRIO. HORAS EXTRAS. ART. 253 DA CLT. APLICAÇÃO ANALÓGICA – O empregado submetido a trabalho contínuo em ambiente artificialmente frio, nos termos do parágrafo único do art. 253 da CLT, ainda que não labore em câmara frigorífica, tem direito ao intervalo intrajornada previsto no *caput* do art. 253 da CLT.

Igualmente encontramos aqueles que trabalham em minas de subsolo podem interromper seu trabalho por quinze minutos a cada período de três horas consecutivas, conforme o comando do art. 298 consolidado.

Outro intervalo que a CLT contempla é aquele destinado aos que trabalham em mecanografia, que abrange serviços de datilografia, escrituração ou cálculo. A cada noventa minutos, esses trabalhadores têm direito de interromper por dez minutos as suas tarefas para repouso, conforme o art. 72 da CLT.

(18) Acerca desse intervalo pré-jornada suplementar, v. nosso *Curso de Direito do Trabalho*. 3. ed. São Paulo: LTr, 2017. p. 346-350.

É impossível, hodiernamente, interpretar restritivamente o dispositivo consolidado. Por isso, bem andou o TST ao editar a Súmula n. 346, equiparando aos trabalhadores referidos na CLT os digitadores, e determinando a aplicação analógica do art. 72 em apreço a esses profissionais, que, como sabido, substituíram os antigos datilógrafos. O enunciado é o seguinte:

> Súmula n. 346 do TST – DIGITADOR. INTERVALOS INTRAJORNADA. APLICAÇÃO ANALÓGICA DO ART. 72 DA CLT – Os digitadores, por aplicação analógica do art. 72 da CLT, equiparam-se aos trabalhadores nos serviços de mecanografia (datilografia, escrituração ou cálculo), razão pela qual têm direito a intervalos de descanso de 10 (dez) minutos a cada 90 (noventa) de trabalho consecutivo.

Devemos destacar, por fim, o intervalo do trabalhador rural.

Com efeito, no trabalho rural, no campo, o Estatuto do Trabalhador Rural (Lei n. 5.889/73), em seu art. 13, determina que *nos locais de trabalho rural serão observadas as normas de segurança e higiene estabelecidas em portaria do ministro do Trabalho e Previdência Social.*

A Constituição de 1988, no art. 7º, XII, prega a *redução dos riscos inerentes ao trabalho, por meio de normas de saúde, higiene e segurança.* Ou seja, a própria Lei Fundamental renova a imperiosidade da presença da saúde, higiene e segurança do trabalhador para garantir-lhe melhor condição de vida.

Situados esses dois aspectos, o Ministério do Trabalho editou a Portaria n. 86, de 3 de março de 2005, aprovando a Norma Regulamentadora (NR) n. 31, que trata de segurança e saúde no trabalho na agricultura, pecuária, silvicultura, exploração florestal e aquicultura.

De acordo com essa NR, deverá haver uma pausa para descanso do trabalhador rural, em atividades que forem realizadas em pé (n. 31.10.7) ou que exijam sobrecarga muscular estática ou dinâmica (n. 31.10.9).

Essa *pausa* nada mais é que um intervalo específico (trabalho em pé ou com sobrecarga muscular), mas não existe nenhuma previsão legal expressa para fixar sua duração.

É certo que o art. 5º da Lei n. 5.889/73 contempla intervalo para repouso ou alimentação em caso de jornada superior a seis horas (intervalo intrajornada) e de onze horas entre um dia e outro de trabalho (intervalo interjornada), mas não se confunde com essa pausa específica. A essa nova interrupção, é omisso o Estatuto do Trabalhador Rural.

Conforme dispõe o art. 4º, da LINDB, *quando a lei for omissa, o juiz decidirá o caso de acordo com a analogia, os costumes e os princípios gerais de direito.* À norma brasileira de super-direito se agrega o art. 8º da CLT, que determina que tanto as autoridades administrativas como o Judiciário trabalhista, na omissão da lei ou das normas negociadas (convenção ou acordo coletivo de trabalho), decidam o caso conforme a jurisprudência, analogia, equidade, princípios gerais de direito, especialmente os de Direito do Trabalho, usos e costume e direito comparado. Em outras palavras, o legislador consolidado facultou ao Auditor-Fiscal do Ministério do Trabalho, em sua missão fiscalizadora, e ao magistrado trabalhista, na sua tarefa de julgador, sempre que omissa a lei, a aplicação de qualquer das regras de interpretação da norma, desde que encontre uma solução justa à demanda, suprindo a omissão legislativa.

Ora, o art. 72 da CLT, que referimos acima, dispõe que:

Art. 72 – Nos serviços permanentes de mecanografia (datilografia, escrituração ou cálculo), a cada período de 90 (noventa) minutos de trabalho consecutivo corresponderá um repouso de 10 (dez) minutos não deduzidos da duração normal de trabalho.

Aplica-se, também, ao trabalho de digitação, conforme assinalado ao norte, até porque, hoje, são raros os casos de tarefa que envolva datilografia. Mas não se cogitou de aplicar a outras áreas.

Embora estejamos diante de situações diversas (trabalho de mecanografia ou digitação, de um lado, e trabalho rural de outro), é certo que a NR-31 criou uma situação singular e que precisava de uma solução.

Por isso, a jurisprudência, por analogia, passou a aplicar a regra do intervalo do art. 72 da CLT ao trabalhador rural, que desenvolve atividades em pé ou quando lhe for exigida sobrecarga muscular estática ou dinâmica. Ou seja, a regra da Súmula n. 346 também pode ser estendida ao trabalhador do campo.

Com efeito, o rurícola nessas condições de atividade tem direito a intervalo de dez minutos após cada período de noventa minutos de trabalho consecutivo. Esse tem sido o entendimento do TST (Proc. 3ª T. TST-RR-1970-36.2014.5.09.0562, de 25.5.2016, rel. Min. Mauricio Godinho Delgado) e também dos tribunais regionais, como o da TRT da 8ª Região (Proc. TRT-8ª/4ª T./RO 0003050-11.2015.5.08.0115 15).

24. Interpretação de Norma Coletiva

As normas trabalhistas coletivas autônomas são aquelas negociadas sem a interferência do Estado, através do Poder Judiciário. Surgem diretamente entre os interlocutores sociais (empregados e empregadores), através das entidades que os representam, sendo a manifestação externa da sua vontade. Podem ser, basicamente, de duas espécies: acordo coletivo de trabalho (celebrado entre sindicato de trabalhadores e empresas ou grupos de empresas) e convenção coletiva de trabalho (celebrado entre sindicatos de trabalhadores e sindicatos de empresas).

Até a entrada em vigor das mudanças promovidas na legislação trabalhista pela Lei n. 13.467/17, era razoavelmente frequente o ajuizamento de ações anulatórias de clausulas convencionais pelo Ministério Público do Trabalho, na forma prevista no art. 83, inciso IV, da Lei Complementar n. 75/93.

Anteriormente, era raro ser utilizada a ação anulatória prevista no CPC de 1965 (art. 486), que é o atual § 4º do art. 966 do CPC de 2015, aplicável ao processo do trabalho por força da regra do art. 769 da CLT, à falta (sempre lamentada) de um código próprio.

As razões dos pedidos de nulidade de cláusulas variam, mas geralmente referem-se à violação do princípio da liberdade sindical, ou de regras que prejudicam a incolumidade física, moral ou psicológica do trabalhador.

Agora, no entanto, existem graves restrições para que se possa pretender anular uma cláusula convencional, como se verifica no § 3º do art. 8º da CLT, na redação dada pela reforma, dispondo:

> § 3º No exame de convenção coletiva ou acordo coletivo de trabalho, a Justiça do Trabalho analisará exclusivamente a conformidade dos elementos essenciais do negócio jurídico, respeitado o disposto no art. 104 da Lei n. 10.406, de 10 de janeiro de 2002 (Código Civil), e balizará sua atuação pelo princípio da intervenção mínima na autonomia da vontade coletiva.

De acordo com esse novo comando, a atuação da Justiça do Trabalho, por seus tribunais (Superior e Regionais), pode se limitar a examinar ações pretendendo nulidade de cláusula convencional, apreciando *exclusivamente* os elementos que são essenciais aos negócios jurídicos, isto é, os enumerados no art. 104 do Código Civil, a saber: agente capaz; objeto lícito, possível, determinado ou determinável; e forma prescrita ou não defesa em lei.

Essa nova regra de hermenêutica importa em que a atuação do Judiciário fica limitada, restrita, à caracterização de ausência de um desses elementos.

Ademais, deve a Justiça do Trabalho também limitar sua atuação pela *intervenção mínima na autonomia da vontade coletiva*. Essa autonomia coletiva significa a expressão de vontade de grupos da sociedade organizada, deliberando sobre seus interesses, e adotando o que a maioria desejar, isto é, agindo democraticamente. No direito coletivo do trabalho, pode ser entendido como o poder dos sindicatos (profissionais e patronais) de disporem sobre direitos individuais dos integrantes do grupo atingindo, por meio de acordos ou convenções coletivas de trabalho.

Além de privilegiar essa autonomia, a nova regra refere à intervenção mínima da Justiça do Trabalho. Ao que parece, a intenção é no sentido de o Poder Judiciário não interferir mesmo na vontade das partes. O mínimo referido é o mesmo que escrever sem interferência alguma. Mas, é inegável que a Justiça do Trabalho não poderá ficar inerte a eventuais denúncias de violação dos direitos humanos, dos princípios fundantes da República brasileira: a dignidade da pessoa humana e os valores sociais do trabalho e da livre iniciativa (art. 1º, III e IV, da Constituição de 1988).

Percebe-se, ademais, que se o Judiciário invalidar norma coletiva violadora desses princípios, não estará decidindo *contra legem*, ou seja, ofendendo o final do § 3º do art. 8º da CLT em comento. Estará, sim, observando rigorosamente o disposto no art. 104 do Código Civil, que refere a *objeto lícito*, e para o qual há expressa remissão no texto consolidado. Cláusula que viole esses princípios contemplará justamente objeto ilícito, e, portanto, irremediavelmente deverá ser tornada nula.

25. Jornada 12 x 36

Esse tipo especial de jornada de trabalho é razoavelmente recente no direito brasileiro, e, igualmente, sempre gerou muita controvérsia, considerando o limite de oito horas fixado para a jornada diária pela Constituição (art. 7º, n. XIII).

As reformas da Lei n. 13.467/17 introduzidas na CLT criaram permissivo legal para as partes, facultativamente, poderem estabelecer esse tipo de jornada: doze horas de trabalho, seguidas por 36 horas de descanso, devendo ser observados ou indenizados os intervalos destinados a repouso e alimentação (art. 59-A da CLT).

Trata-se de um regime excepcional, como anuncia o *caput* do art. 59-A, que somente deve ser adotado de forma igualmente excepcional, e não generalizar a todos os trabalhadores.

A adoção desse sistema pode decorrer de acordo individual escrito, convenção coletiva de trabalho ou acordo coletivo de trabalho. Tentou a MP n. 808/17 retirar o acordo individual, mas como perdeu validade, retornou o *status* anterior, o que não é bom, ante a fragilidade do empregado na relação de emprego.

De outro lado, a remuneração mensal negociada abrange os pagamentos a título de repouso semanal remunerado e descanso em feriado, considerando-se compensados os feriados e prorrogações de trabalho em horário noturno (parágrafo único do art. 59-A da CLT).

É sabida a prática desse tipo de jornada em diversas categorias específicas, que precisam de empregados em regime de plantão, fazendo uma espécie de rodízio. Assim os profissionais de vigilância e segurança e os da área da saúde (médicos e enfermeiros), por isso, e apenas para esses últimos profissionais, é possível admitir a possibilidade de celebração de acordo individual para fixação de jornada 12x36, além dos regulares instrumentos coletivos autônomos, devendo ser cumprida a observância ou a indenização dos intervalos para repouso e alimentação (art. 59-A, § 2º, da CLT).

Por fim, e estranhamente, embora as prorrogações de jornada nas atividades insalubres sejam condicionadas à licença prévia das autoridades competentes em matéria de higiene do trabalho, as quais, para esse efeito, procederão aos necessários exames locais e à verificação dos métodos e processos de trabalho, quer diretamente, quer por intermédio de autoridades sanitárias federais, estaduais e municipais, com quem entrarão em entendimento para tal fim (art. 60, da CLT), essa licença prévia não é exigida nas hipóteses de jornada 12 x 36 (parágrafo único do mesmo artigo), o que, aparentemente, viola o direito à saúde do art. 6º da Constituição, razão pela qual nada obsta que, futuramente, esse aspecto venha a ser apreciado pelo STF.

26. Liberalidades Patronais

De acordo com o art. 468 da CLT, qualquer alteração no contrato de trabalho, mesmo com o consentimento do empregado, é ilícita se dela resultar qualquer prejuízo direto ou indireto para o trabalhador. Suprimir um direito adquirido durante o contrato ofende os princípios informadores do Direito do Trabalho porque essas vantagens, quando habituais, incorporavam-se ao contrato e não podiam mais ser modificadas. Assim uma cesta básica, que é uma forma de auxílio-alimentação, habitualmente fornecida não poderia ser suprimida pelo patrão, porque incorporada ao contrato de trabalho.

É bom lembrar que o § 1º do art. 457 da CLT dispõe que integram o salário, que é a importância fixa estipulada no contrato, também as gratificações legais e as comissões pagas pelo empregador, além das utilidades fornecidas (alimentação, habitação, vestuário), de acordo com o *caput* do art. 458 da CLT. Se considerarmos a remuneração, há que se acrescentar as gorjetas (*caput* do art. 457).

Com as mudanças introduzidas na CLT pela Lei n. 13.467/17, modificaram-se as condições de algumas parcelas. Assim, mesmo que habituais, deixaram de integrar a remuneração do empregado, não se incorporando ao contrato de trabalho, nem constituindo base de incidência de qualquer encargo trabalhista e previdenciário: ajuda de custo, auxílio-alimentação (que não pode ser pago em dinheiro, donde pode ser via cesta básica), diárias para viagem de qualquer valor, prêmios e abonos (art. 457, § 2º, da CLT). Observe-se que, com essa redação, tais parcelas perderam sua natureza salarial, mas, no que refere à tributação, não foram excluídas de incidência, quando couber, do imposto sobre a renda.

Destinam-se as diárias a pagar ao empregado para responder por despesas que terá em caso de viagem (deslocamento), hospedagem, alimentação, movimentação no destino, podendo ou não haver comprovação no retorno, com a devolução ou não, dependendo do ajuste celebrado com o empregador, dos valores recebidos a maior.

Os abonos são antecipações salariais ou um *plus* concedido pelo empregador que poderá ou não ser compensado futuramente e não integram a remuneração do empregado.

Cuida a CLT de definir claramente a figura do prêmio no § 4º do art. 457, assinalando expressamente que:

> § 4º Consideram-se prêmios as liberalidades concedidas pelo empregador em forma de bens, serviços ou valor em dinheiro a empregado ou a grupo de empregados, em razão de desempenho superior ao ordinariamente esperado no exercício de suas atividades.

Essa premiação, que não é salário, é um *plus* que o empregado (mas não exclusivamente) pode receber, mas que não será parte integrante de sua remuneração porque, ainda que recebido anos a fio, duas vezes por ano (semestralmente, por exemplo), poderá ser suprimido pelo livre arbítrio ou pelo capricho patronal, sem que possa ser argumentada a necessidade de dar estabilidade financeira ao trabalhador.

Estamos, assim, diante do que se chama de *guelta*, que *é uma parcela remuneratória específica, representada por um valor pago por terceiros em decorrência de venda de produtos deste pelo empregado. As gueltas são, então, bonificações concedidas ao empregado que não são pagas pelo empregador, mas pelo fornecedor do bem vendido e decorre do contrato de trabalho. O empregador recebe do fornecedor a guelta* e a repassa para o empregado, funcionando como uma espécie de prêmio ou comissão. A *guelta*, se suprimida, não se incorpora ao contrato de trabalho.

Um aspecto que chama atenção: a partir de agora, os empregadores podem premiar (dar gratificações periódicas) seus empregados sem a preocupação de essas parcelas se incorporarem à sua remuneração para fins trabalhistas e previdenciários.

27. Pegadinhas da Reforma

Estão em pleno vigor as mudanças introduzidas na legislação trabalhista pela Lei n. 13.467/17. Começaram dia 11 de novembro, o "dia 11" do Brasil, sem qualquer semelhança ao 11 de setembro de 2001, das torres gêmeas de Nova York.

Com as mudanças vigendo, muita coisa pode acontecer, inclusive nada (o que é menos provável). Duas situações devem chamar atenção por conta do que pode estar por trás delas. Envolvem o principal tema de debates sobre a reforma: o conflito negociado *x* legislado.

Nesse campo, deve ser dada toda atenção a um pormenor que não parece estar sendo percebido. São as expressões *entre outros*, do *caput* do art. 611-A, e *exclusivamente*, do *caput* do art. 611-B. Aparentemente, não significam nada ou quase nada, podendo ser chamadas de *expressões de reforço* que o legislador infraconstitucional teria usado para deixar bem clara sua intenção. No entanto, vejo-as como seríssimas *pegadinhas*, dessas que o professor costuma inserir nos testes de avaliação para aquilatar a capacidade de percepção de seus alunos.

Existem outros, como os dos arts. 223-C e 223-D, relativos ao dano extrapatrimonial. O primeiro enumera os *bens juridicamente tutelados*, quando se refere à pessoa física, no geral, o trabalhador. Adiante, o art. 223-D refere a bens juridicamente tutelados, quando cuida de pessoa jurídica (sem o artigo definido). O que isso pode significar? Pode ser entendido que a enumeração do art. 223-C é exaustiva, não permitindo elastecer as hipóteses, enquanto a do art. 223-D é meramente exemplificativa, e não em *numerus clausus*.

27.1. Dos Arts. 611-A e 611-B

1. A regra do art. 611-A

A primeira é a expressão *entre outros. Entre* é uma preposição que vem seguida de *outros*, que é um pronome indefinido. Juntas significam assim por diante, dando ideia de sequência. Está inserida no *caput* do art. 611-A, com a seguinte redação:

> Art. 611-A. A convenção coletiva e o acordo coletivo de trabalho têm prevalência sobre a lei quando, entre outros, dispuserem sobre: [segue-se a enumeração dos direitos].

Para apreciar os textos desses documentos, é competente a Justiça do Trabalho, mas sua atuação ficará limitada ao disposto no § 3º do art. 8º da CLT, conforme preconiza o § 1º do art. 611-A, tema que trataremos mais adiante.

Não existe a referência a esses incisos do art. 8º da Constituição, todavia, os limites neles fixados não podem ser ultrapassados nem violados pela vontade de eventuais interessados.

No mesmo art. 611-A ganha destaque a expressão *entre outros*. Qual será o verdadeiro sentido dessa expressão aparentemente tão singela? É a mesma coisa a redação afirmar que: *a convenção coletiva e o acordo coletivo de trabalho têm prevalência sobre a lei quando dispuserem sobre...* comparando com *A convenção coletiva e o acordo coletivo de trabalho têm prevalência sobre a lei quando, **entre outros**, dispuserem sobre...?* A impressão inocente de que é a mesma coisa importa em grande equívoco. São coisas completamente distintas. A primeira (sem a expressão *entre outros*) significa que as normas coletivas são prevalentes em relação à lei sempre que estiverem dispondo sobre os direitos que alinha em seguida. A segunda (com a expressão *entre outros*) leva a acreditar que além do efeito de superioridade poderão ser instituídos outros mecanismos, com diversas finalidades, diretamente vinculados ao direito negociado.

Ademais, ganha destaque a expressão *entre outros*. Qual será o verdadeiro sentido dessa expressão aparentemente tão singela? É a mesma coisa a redação afirmar que: *a convenção coletiva e o acordo coletivo de trabalho têm prevalência sobre a lei quando dispuserem sobre...* comparando com *a convenção coletiva e o acordo coletivo de trabalho têm prevalência sobre a lei quando, **entre outros**, dispuserem sobre...?* A impressão inocente de que é a mesma coisa importa em grande equívoco. São coisas completamente distintas. A primeira (sem a expressão *entre outros*) significa que as normas coletivas são prevalentes em relação à lei sempre que estiverem dispondo sobre os direitos que alinha em seguida. A segunda (com a expressão *entre outros*) leva a acreditar que além do efeito de superioridade poderão ser instituídos outros mecanismos, com diversas finalidades, diretamente vinculados ao direito negociado.

Superado esse aspecto, temos os direitos sujeitos à celebração de acordo coletivo de trabalho ou convenção coletiva de trabalho. Acerca dos direitos negociáveis passamos a tecer breves comentários:

I –pacto quanto à jornada de trabalho, observados os limites constitucionais, ou seja, os critérios de prestação de serviços poderão ser ajustados, mas sempre cumpridos o máximo permitido pela Constituição, ou seja, oito horas diárias ou 44 horas semanais. Os excessos devem ser considerados jornada extraordinária, e acrescidos de 50% sobre o valor da hora normal. Por outro lado, a própria Constituição contempla a possibilidade de negociação inclusive dos turnos ininterruptos de revezamento;

II – banco de horas anual, tema que examinamos em outra parte deste livro;

III – intervalo intrajornada, respeitado o limite mínimo de trinta minutos para jornadas superiores a seis horas, assunto igualmente já examinado;

IV – adesão ao Programa Seguro-Emprego (PSE), de que trata a Lei n. 13.189, de 19 de novembro de 2015;

V – plano de cargos, salários e funções compatíveis com a condição pessoal do empregado, bem como identificação dos cargos que se enquadram como funções de confiança, o que importa no exame das regras do art. 461 consolidado e dos critérios de confiabilidade, objeto do art. 62 da CLT. Note-se que ao negociar as bases dessa fidúcia devemos admitir elementar prejuízo para o trabalhador;

VI – regulamento empresarial, o que é negociação extremamente perigosa porque poderá significar alteração prejudicial às condições de trabalho ajustadas;

VII – representante dos trabalhadores no local de trabalho, objeto do art. 11 da Constituição e que a reforma de 2017 regulou, podendo, coletivamente, ser adotar alterações nas disposições legais, no que tange à atuação desse representante, sem retirar-lhe, contudo, a garantia de emprego (art. 510-D, § 3º, da CLT);

VIII – teletrabalho, regime de sobreaviso, e trabalho intermitente, tratados em outros textos deste livro;

IX – remuneração por produtividade, incluídas as gorjetas percebidas pelo empregado, e remuneração por desempenho individual, devendo ser dada bastante atenção aos limites da negociação relativa à remuneração por produtividade, que poderá abranger as formas de seu cálculo e de seu pagamento, e respectiva periodicidade. Quanto às gorjetas, remetemos a outro texto deste livro;

X – modalidade de registro de jornada de trabalho, ou seja, a negociação coletiva poderá cuidar apenas dos mecanismos de registro, mas jamais da eliminação do registro de jornada;

XI – troca do dia de feriado, tratando-se, a nosso ver, de medida altamente salutar, porque proporcionará o ajuste dos chamados *feriados prolongados*, atendendo, também, os interesses do trabalhador, sendo, em caso de trabalho em dia feriado, garantido o direito de compensação;

XII – enquadramento do grau de insalubridade, deixando de contemplar mínima regra acerca de procedimento pericial e sem alusão a preservar e respeitar as regras que cuidam do trabalho saudável, inclusive as NRs do Ministério do Trabalho

XIII – prorrogação de jornada em ambientes insalubres, sem licença prévia das autoridades competentes do Ministério do Trabalho, o que identifica aparente violação à Convenção n. 155 da OIT, que o Brasil ratificou.

XIV – prêmios de incentivo em bens ou serviços, eventualmente concedidos em programas de incentivo, que são liberalidades patronais;

XV – participação nos lucros ou resultados da empresa. Trata-se de direito constitucional (art. 7º, n. XI), que apareceu na Constituição de 1946 e somente foi regulamentado pela Lei n. 10.101/2000, e que acreditamos poderá ter mais êxito se decorrer de negociação coletiva do que por disposição legal.

São esses os direitos que podem, exemplificativamente, ser objeto de negociação coletiva, considerando a expressão *dentre outros*, que aparece no *caput* do art. 611-A.

Algumas considerações sobre alcance do que pode ser negociado nos levam, de plano, ao § 2º do art. 611-A, com a seguinte redação:

> § 2º A inexistência de expressa indicação de contrapartidas recíprocas em convenção coletiva ou acordo coletivo de trabalho não ensejará sua nulidade por não caracterizar um vício do negócio jurídico.

A interpretação deste dispositivo remete ao princípio da intervenção mínima na autonomia da vontade coletiva. No § 3º do art. 8º, é referido o art. 104 do Código Civil, em que se encontram os elementos de validade do ato jurídico (agente capaz; objeto lícito, possível, determinado ou determinável; e, forma prescrita ou não defesa em lei), os únicos que podem ser invocados para nulificar cláusula de norma coletiva. No entanto, é bem de ver que é impossível admitir cláusula violadora da dignidade humana ou que consagre um comportamento claramente ilícito.

No § 3º do art. 611-A, está previsto que, negociada cláusula que contemple redução de salário ou de jornada, também deve existir regramento destinado à proteção dos empregados contra dispensa imotivada durante o prazo de vigência do instrumento coletivo, sendo criado, assim, um mecanismo temporário de garantia do emprego.

O § 4º do art. 611-A dispõe:

> § 4º Na hipótese de procedência de ação anulatória de cláusula de convenção coletiva ou de acordo coletivo de trabalho, quando houver a cláusula compensatória, esta deverá ser igualmente anulada, sem repetição do indébito.

Enquanto o § 2º do art. 611-A refere à ausência de cláusula compensatória, o § 4º trata da sua existência. E traz uma regra de reciprocidade: anulada uma cláusula, aquela compensatória terá o mesmo destino, destacando-se que os efeitos da anulação não são retroativos.

Por fim, o § 5º determina que, em ação individual ou coletiva, cujo objeto seja anular cláusula de norma coletiva, os sindicatos que a negociaram participam, na condição de litisconsortes necessários. *Data venia*, entendemos que se trata de impedir ao trabalhador, individualmente considerado, de buscar a proteção da Justiça contra determinado item de uma norma coletiva que lhe seja, por alguma razão, prejudicial. A vedação, a nosso ver, vai frontalmente contra o acesso ao juízo natural, previsto no art. 5º, n. XXXV, da Constituição. E mais: a decisão em processo individual vai se referir apenas e exclusivamente às partes. O sindicato somente deverá participar da demanda quando a postulação se referir à alguma cláusula em que tenha direto interessante, como, *v. g.*, dispositivo fixando algum tipo de contribuição a favor da entidade de classe.

Essa expressão *entre outros* é a primeira *pegadinha* do legislador infraconstitucional.

2. A regra do art. 611-B

A segunda *pegadinha* é a expressão *exclusivamente* do art. 611-B da CLT. O *caput* desse artigo possui a seguinte redação:

> Art. 611-B. Constituem objeto ilícito de convenção coletiva ou de acordo coletivo de trabalho, exclusivamente, a supressão ou a redução dos seguintes direitos:... [segue-se a relação de direitos que quer proteger].

Basicamente, são repetidos os direitos consagrados nos arts. 7º, 8º e 9º, da Constituição. O perigo, que tem passado aparentemente desapercebido, é a palavra *exclusivamente* que se encontra no dispositivo.

A razão do perigo é que a nulidade somente ocorre se constatada a pura e simples supressão ou redução de direitos. *Modus in rebus*, se houver alguma compensação ou contrapartida em tese inexistirá nulidade a proclamar.

Não se queira pretender dizer que os direitos trabalhistas insculpidos na Constituição são cláusulas pétreas e, por isso, imodificáveis. Não é bem assim e todo mundo sabe. Basta que se assista a uma audiência na Justiça do Trabalho de 1º grau e se constatará conciliações celebradas que, por vezes, representam menos de 10% do pedido inicial.

Com efeito, ao examinar o art. 611-A constatamos, nos §§ 2º e 4º, duas regras interessantes. No § 2º, ausente cláusula compensatória não significa que a cláusula inquinada seja declarada nula. Ela sobreviverá, salvo se violar o art. 104 do Código Civil. No § 4º, se uma cláusula for anulada, aquela que concedeu compensação também terá o mesmo destino, contemplando um critério de reciprocidade.

Fosse o art. 611-B redigido retirado o advérbio *exclusivamente*, teríamos exatamente o seguinte:

> Art. 611-B – Constituem objeto ilícito de convenção coletiva ou de acordo coletivo de trabalho a supressão ou a redução dos seguintes direitos... [seguem-se os direitos].

Traduzindo: nenhum dos direitos enumerados no art. 611-B poderia ser objeto de norma coletiva autônoma, porque a cláusula que contemplasse qualquer deles de modo diverso seria nula, porque ilegal.

Porém, a inserção desse advérbio *exclusivamente* altera completamente o sentido da oração. Gramaticalmente, pode ser admitido como o tradicional reforço de linguagem para reiterar determinado objetivo: *os direitos não podem, não podem mesmo, ser suprimidos*, e esta deveria ser a primeira impressão. Mas, pode significar que é ilícito suprimir ou reduzir direitos, salvo se alguma compensação for oferecida em troca dessa supressão ou redução. Existindo contrapartida ou compensação, qualquer desses direitos pode ser suprimido ou reduzido. Será possível? Uma interpretação sistemática da legislação reformadora por certo conduzirá a esse lamentável resultado porque a *mens legislatoris* foi, sim, de privilegiar o negociado em detrimento do legislado e fortalecer a vontade das partes e não aquela que o legislador do momento teve.

Considerando a existência do advérbio no *caput* do art. 611-B e vendo a gravidade de seu alcance, devemos considerar como direitos sujeitos à legislação, mas não *exclusivamente* à ela, os que estão elencados no dispositivo em apreço.

Esses direitos, teoricamente inegociáveis, são os seguintes:

I – normas de identificação profissional, inclusive as anotações na Carteira de Trabalho e Previdência Social;

II – seguro-desemprego, em caso de desemprego involuntário;

III – valor dos depósitos mensais e da indenização rescisória do Fundo de Garantia do Tempo de Serviço (FGTS);

IV – salário mínimo;

V – valor nominal do décimo terceiro salário;

VI – remuneração do trabalho noturno superior à do diurno;

VII – proteção do salário na forma da lei, constituindo crime sua retenção dolosa;

VIII – salário-família;

IX – repouso semanal remunerado;

X – remuneração do serviço extraordinário superior, no mínimo, em 50% (cinquenta por cento) à do normal;

XI – número de dias de férias devidas ao empregado;

XII – gozo de férias anuais remuneradas com, pelo menos, um terço a mais do que o salário normal;

XIII – licença-maternidade com a duração mínima de cento e vinte dias;

XIV – licença-paternidade nos termos fixados em lei;

XV – proteção do mercado de trabalho da mulher, mediante incentivos específicos, nos termos da lei;

XVI – aviso-prévio proporcional ao tempo de serviço, sendo no mínimo de trinta dias, nos termos da lei;

XVII – normas de saúde, higiene e segurança do trabalho previstas em lei ou em normas regulamentadoras do Ministério do Trabalho;

XVIII – adicional de remuneração para as atividades penosas, insalubres ou perigosas;

XIX – aposentadoria;

XX – seguro contra acidentes de trabalho, a cargo do empregador;

XXI – ação, quanto aos créditos resultantes das relações de trabalho, com prazo prescricional de cinco anos para os trabalhadores urbanos e rurais, até o limite de dois anos após a extinção do contrato de trabalho;

XXII – proibição de qualquer discriminação no tocante a salário e critérios de admissão do trabalhador com deficiência;

XXIII – proibição de trabalho noturno, perigoso ou insalubre a menores de dezoito anos e de qualquer trabalho a menores de dezesseis anos, salvo na condição de aprendiz, a partir de quatorze anos;

XXIV – medidas de proteção legal de crianças e adolescentes;

XXV – igualdade de direitos entre o trabalhador com vínculo empregatício permanente e o trabalhador avulso;

XXVI – liberdade de associação profissional ou sindical do trabalhador, inclusive o direito de não sofrer, sem sua expressa e prévia anuência, qualquer cobrança ou desconto salarial estabelecidos em convenção coletiva ou acordo coletivo de trabalho;

XXVII – direito de greve, competindo aos trabalhadores decidir sobre a oportunidade de exercê-lo e sobre os interesses que devam por meio dele defender;

XXVIII – definição legal sobre os serviços ou atividades essenciais e disposições legais sobre o atendimento das necessidades inadiáveis da comunidade em caso de greve;

XXIX – tributos e outros créditos de terceiros;

XXX – as disposições previstas nos arts. 373-A, 390, 392, 392-A, 394, 394-A, 395, 396 e 400 da CLT, que são direitos referentes ao trabalho da mulher.

Essas duas *pegadinhas* devem ser vistas com muita atenção e extrema cautela, tanto por parte dos sindicatos de trabalhadores, que representam o lado mais fraco da negociação coletiva, quanto pelos magistrados do trabalho que deverão estar atentos a possíveis contrariedades aos comandos da Constituição.

É importante, no entanto, destacar, que devemos presumir que todos agem corretamente, donde é de supor que ninguém (patrão ou empregado) vá negociar de má-fé prejudicando um lado ou outro. É necessário que todos saibamos que a prevalência do negociado sobre o legislado não significa a prevalência do mal sobre o bem, mas do mais justo e adequado sobre o que pode ser prejudicial e danoso para a sociedade.

27.2. Outras Pegadinhas

Vejamos as *pegadinhas* dos arts. 223-C e 223-D consolidados. Esses dispositivos identificam os bens juridicamente tutelados, passiveis de reparação por representarem a possibilidade de sofrerem violação, ensejando indenização por dano extrapatrimonial, que é, de modo bem singelo, o antigo dano moral doa arts. 482, *j* e *k*, e 483, da CLT.

Sem maiores considerações sobre o dano extrapatrimonial, sobretudo sua tarifação, que tem sido amplamente criticada, e é objeto até de uma ADIn, ajuizada pela Associação Nacional de Magistrados Trabalhistas (ANAMATRA), pretendendo a declaração de inconstitucionalidade dos itens I a IV do § 1º do art. 223-G, e que tratamos em outra ponto.

O que pretendo demonstrar é o critério de identificação de bens susceptíveis de ofensa ensejadora de eventual reparação.

No art. 223-C lê-se:

> Art. 223-C – A honra, a imagem, a intimidade, a liberdade de ação, a autoestima, a saúde, o lazer e a integridade física são os bens juridicamente tutelados inerentes à pessoa física.

Como se verifica, honra, imagem, intimidade, liberdade de ação, autoestima, saúde, lazer e integridade física são **os** bens. A relação é fechada, em *numerus clausus*, não sendo exemplificativa (*dentre outros*). Privacidade (que é diferente de intimidade) não está incluída, o nome (que individualiza as pessoas) também não está. Sequer a correspondência da pessoa física se encontra no estrito elenco de bens.

Veja-se que quando se fala em pessoa física não se trata apenas de empregado. Ao contrário, cuidamos da pessoa físicaseja empregado ou empregador individual.

O legislador ordinário, então, nominou apenas esses bens, com exclusão de todos os demais, quando, então, não caberá o dano extrapatrimonial trabalhista.

Quando se trata do art. 223-D, que cuida de pessoa jurídica (e aí somente podem ser os empregadores), temos:

> Art. 223-D – A imagem, a marca, o nome, o segredo empresarial e o sigilo da correspondência são bens juridicamente tutelados inerentes à pessoa jurídica.

Cuida-se, no art. 223-D de pessoa jurídica que, necessariamente, será sempre empregador (exceção de caso de *PJ*, não há empregado pessoa jurídica). Podem ser reparados: imagem, marca, nome, seguro empresarial e sigilo de correspondência, mas esse rol é meramente exemplificativo, porque o dispositivo não refere *aos* bens. Menciona simplesmente *bens*, ou seja, esses que enumera e outros que podem ser acrescentados pelo interessado e aceitos ou não pelos julgadores.

Como se constata, trata-se de mais uma *pegadinha* porque, ao enumerar bens de pessoa física (geralmente o empregado), o legislador infraconstitucional relacionou-os de forma expressa, limitada, restrita. Impede, com isso, que outros bens possam ser ofendidos e necessitem ser reparados.

Diversamente, quando se trata de pessoa jurídica (necessariamente o empregador), o mesmo legislador apresenta um elenco meramente exemplificativo, ensejando a que sejam acrescentados tantos quantos a ofendida ache que tem direito.

A questão é exatamente essa: o artigo definido *os* delimita a ação de reparação de dano. A sua ausência leva a interpretar que os demais são "uns" bens e, portanto, outros podem ser acrescentados.

Com todas as vênias, isso não parece justo, equitativo ou razoável. No mínimo, estabelece uma lamentável e desnecessária desigualdade. Seria bom que refletissem a respeito.

28. Pejotização

Um mecanismo moderno de contratação nos tempos atuais chama-se pejotização, que se trata de um meio legal de praticar uma ilegalidade, à medida em que se frauda o contrato de trabalho para descaracterizar a relação de emprego existente, mediante a regular criação de uma empresa (pessoa jurídica), que, se regular, só tem mesmo os procedimentos para seu surgimento. No fundo, mascara a verdadeira subordinação jurídica que continua a existir.

Ocorre em qualquer tipo de atividade, e não exclusivamente no trabalho intelectual, embora seja onde há maior incidência. Caracteriza-se pela exigência dos tomadores de serviços para que os trabalhadores (antes seus empregados, ou mesmo não tendo sido) constituam pessoas jurídicas como condição indispensável para a prestação dos serviços.

Não há apenas fraude à legislação trabalhista, inclusive com a inexistência de recolhimento para o FGTS, senão também às normas previdenciárias e tributárias, porquanto se frustram as contribuições para a previdência social de um lado, e os pagamentos de tributos em geral de outro.

Constatada essa prática, deve ser aplicada a teoria da desconsideração da pessoa jurídica, declarada a nulidade da contratação da pessoa jurídica e proclamada a configuração do vínculo empregatício do trabalhador com o tomador.

Em síntese, cria-se uma falsa pessoa jurídica, geralmente um ex-empregado, e o chamado *PJ* é contratado, como empresa, no lugar do ser humano, o verdadeiro empregado, que, na realidade, continuará, a rigor, nessa condição. Ao cabo, é o trabalho intelectual *pessoal* prestado por *pessoa jurídica*, e o art. 3º, parágrafo único, da CLT não distingue trabalho intelectual, técnico, manual e outros.

E por que isso? Porque, no Direito do Trabalho, prevalece o princípio da primazia da realidade, o *contrato-realidade* (De La Cueva). Resulta no adimplemento de todos os haveres trabalhistas do período de prestação dos serviços, bem como os respectivos reflexos previdenciários e tributários.

É certo que o trabalho intelectual pode ser prestado por pessoas jurídicas, como prevê o art. 129 da Lei n. 11.196/2005, mas o art. 50 do Código Civil permite que se proclame a nulidade de contratação quando verificado abuso da personalidade jurídica.

Como é razoavelmente recente no Brasil, deveria ser elaborada uma lei sobre pejotização, que esteja consentânea com o momento presente do novo mundo do trabalho, sem esquecer a condição do trabalhador na relação jurídica que se estabelece.

As alterações operadas com a Lei n. 13.467/17 na CLT trouxeram um triste sinal: existem claros indícios de ser tentado o incremento da pejotização no Brasil, de modo bastante patente. É o que se infere do novo art. 442-B consolidado, dispondo que:

> Art. 442-B – A contratação do autônomo, cumpridas por este todas as formalidades legais, com ou sem exclusividade, de forma contínua ou não, afasta a qualidade de empregado prevista no art. 3º desta Consolidação.

Abordamos o aspecto do trabalho autônomo acima, e constatamos que esse dispositivo significa que, ao celebrar um contrato de trabalho em que esteja consignada a condição de autônomo, atribuindo ao contratado liberdade para atuar na atividade objeto do pacto, seja apenas para o contratante ou não, de permanente ou de modo descontínuo, o trabalhador será considerado autônomo. Em outras palavras, poderá ter um CNPJ e emitir notas fiscais de serviço. E isso pode se aplicar também se, no contrato, forem fixadas regras para o trabalho, como uso de uniforme, cumprimento de horário de trabalho, etc.

No entanto, e aqui está ponto a nosso ver de altíssima relevância, o trabalhador pejotizado não se submete a esse tipo de pactuação para se manter na condição de autônomo. Submete-se, sim, para obter meios de sobrevivência digna. Aceita ser um PJ, traveste-se de empresa individual privada, transforma-se em um microempresário individual (MEI), porém nada mais é do que um simples e comum empregado. Isto ocorre sobretudo e frequentemente no meio artístico e das mídias em geral, quando empresas de comunicação contratam profissionais dessa área (jornalistas, artistas e assemelhados) na condição de PJs, pagam-lhes pró-labore elevado, proporcionam que adquiram prestígio na comunidade e por fim os dispensa, sem que, pelo trabalho dispendido, recebam qualquer indenização, além da contrapartida pecuniária pelo trabalho desenvolvido e a fama e seus frutos dela decorrentes.

Em muitos casos, o trabalhador empregado é dispensado em um dia, com a baixa em sua CTPS, e contratado como PJ no dia seguinte. O que fazia antes (como empregado) é a mesma coisa que continua a fazer como PJ: está aí a fraude.

Com isso, esses profissionais, alguns com idade mais avançada e dificuldade de acesso ao mercado de trabalho, ficam absolutamente carentes de proteção, buscando o amparo da Justiça do Trabalho que, constatando a existência de subordinação jurídica, deve proclamar a fraude dessa contratação e reconhecer esse trabalhador como empregado subordinado de quem lhe toma o serviço.

29. Plano de Demissão Voluntária

Desde algum tempo, foi criado um mecanismo que costuma ser utilizado para promover redução do quadro de pessoal tanto no âmbito do serviço público, quanto nas empresas privadas. É o chamado *Plano de Demissão Voluntária*, o PDV, um instrumento interessante que pode levar o empregado ao sucesso de, deixando um emprego, obter seu próprio negócio com os recursos obtidos ou, simplesmente, ficar mesmo desempregado.

Semelhantemente, existe o *Plano de Demissão Incentivada*, o PDI, quando o empregador oferece algum incentivo, um *plus* nos possíveis haveres do empregado, incentivando-a, dessa forma, a aceitar sair da empresa e deixar o emprego.

Existem muitas histórias acerca desses planos que alguns imaginam milagrosos e outros, talvez mais realistas, sabem que não é bem assim.

Não cabe, neste espaço, destacar, se PDV ou PDI são ou não salutares, mas é certo que decorrem de um momento de instabilidade financeira e de recessão econômica, que leva à criação de estímulos patronais para incentivar o pedido de dispensa do empregado, com concessões recíprocas.

Com a reforma trabalhista que está em vigor desde novembro de 2017, ficou assente que o PDV e o PDI decorrerão, sempre, de norma coletiva livremente negociada entre os interessados, de um lado sempre o sindicato de trabalhadores, e, de outro, o sindicato patronal ou a empresa (ou empresas) interessada, conforme se tratar de convenção ou de acordo coletivos de trabalho.

Dispõe o art. 477-B da CLT:

> Art. 477-B – Plano de Demissão Voluntária ou Incentivada, para dispensa individual, plúrima ou coletiva, previsto em convenção coletiva ou acordo coletivo de trabalho, enseja quitação plena e irrevogável dos direitos decorrentes da relação empregatícia, salvo disposição em contrário estipulada entre as partes.

Desse dispositivo, podem ser retirados os quatro requisitos indispensáveis para que seja considerado regular plano dessa espécie. O primeiro é que deve decorrer de norma coletiva, sendo exigida pelo menos a participação do sindicato de trabalhadores. O segundo indica que pode ocorrer dispensa individual, plúrima ou coletiva. O terceiro revela a quitação de todos os direitos decorrentes da relação de emprego que se extingue, liberando o empregador de qualquer passivo. O quarto e derradeiro demonstra que qualquer ponto divergente deve ser consignado no ajuste de dispensa pena de ser superado esse aspecto.

Um dos aspectos que deve ser considerado muito controvertido é aquele referente à eficácia liberatória do termo de demissão, seja voluntária ou incentivada. Isto não é novidade, tanto que liberatórias são as quitações passadas nos termos de conciliação celebrados perante as Comissões de Conciliação Prévia, criadas pela Lei n. 9.958, de 21.1.2000, no atual art. 625-E da CLT, em seu parágrafo único:

> Art. 625-E – (...)
>
> Parágrafo único – O termo de conciliação é título executivo extrajudicial e terá eficácia liberatória geral, exceto quanto às parcelas expressamente ressalvadas.

No Tribunal Superior do Trabalho, a SDI-1 possui duas orientações jurisprudenciais restringem os efeitos da eficácia liberatória quando se adota esse tipo de plano. Trata-se da OJ n. 270 que preconiza:

> OJ n. 270 – Programa de Incentivo à Demissão Voluntária. Transação extrajudicial. Parcelas oriundas do extinto contrato de trabalho. Efeitos – A transação extrajudicial que importa rescisão do contrato de trabalho ante a adesão do empregado a plano de demissão voluntária implica quitação exclusivamente das parcelas e valores constantes do recibo.

A outra OJ pelo TST exclui a possibilidade de se compensar créditos trabalhistas decorrentes de decisão judicial com a indenização paga aquando da demissão voluntária. É a OJ n. 356, dispondo:

> OJ n. 356 – Programa de Incentivo à Demissão Voluntária (PDV). Créditos trabalhistas reconhecidos em juízo. Compensação. Impossibilidade – Os créditos tipicamente trabalhistas reconhecidos em juízo não são suscetíveis de compensação com a indenização paga em decorrência de adesão do trabalhador a Programa de Incentivo à Demissão Voluntária (PDV).

Em 30.4.2015, o STF julgou a RE n. 590.415-SC (Relator: Min. Luiz Roberto Barroso), com repercussão geral. Os cinco pontos principais da ementa desse aresto registram:

> Direito do Trabalho. Acordo coletivo. Plano de Dispensa Incentivada. Validade e efeitos.
>
> 1. Plano de dispensa incentivada aprovado em acordo coletivo que contou com ampla participação dos empregados. Previsão de vantagens aos trabalhadores, bem como quitação de toda e qualquer parcela decorrente de relação de emprego. Faculdade do empregado de optar ou não pelo plano.
>
> 2. Validade da quitação ampla. Não incidência, na hipótese, do art. 477, § 2º, da Consolidação das Leis do Trabalho, que restringe a eficácia liberatória da quitação aos valores e às parcelas discriminadas no termo de rescisão exclusivamente.
>
> 3. No âmbito do direito coletivo do trabalho não se verifica a mesma situação de assimetria de poder presente nas relações individuais de trabalho. Como consequência, a autonomia coletiva da vontade não se encontra sujeita aos mesmos limites que a autonomia individual.
>
> 4. A Constituição de 1988, em seu art. 7º, XXVI, prestigiou a autonomia coletiva da vontade e a autocomposição dos conflitos trabalhistas, acompanhando a tendência mundial ao crescente reconhecimento dos mecanismos de negociação coletiva, retratada na Convenção n. 98/1949 e na Convenção n. 154/1981 da Organização Internacional do Trabalho. O reconhecimento dos acordos e convenções coletivas permite que os trabalhadores contribuam para a formulação das normas que regerão a sua própria vida.

5. Os planos de dispensa incentivada permitem reduzir as repercussões sociais das dispensas, assegurando àqueles que optam por seu desligamento da empresa condições econômicas mais vantajosas do que aquelas que decorreriam do mero desligamento por decisão do empregador. É importante, por isso, assegurar a credibilidade de tais planos, a fim de preservar a sua função protetiva e de não desestimular o seu uso.

Assim entende a Suprema Corte brasileira e, a tese adotada em repercussão geral consagra:

A transação extrajudicial que importa rescisão do contrato de trabalho, em razão de adesão voluntária do empregado a plano de dispensa incentivada, enseja quitação ampla e irrestrita de todas as parcelas objeto do contrato de emprego, caso essa condição tenha constado expressamente do acordo coletivo que aprovou o plano, bem como dos demais instrumentos celebrados com o empregado.

30. Prazos Processuais

Com a reforma trabalhista em vigor, uma das questões relevantes refere-se à contagem dos prazos processuais, isto é, do tempo disponível para que seja tomada alguma providência em um processo tramitando no Judiciário.

Antes das mudanças vigorarem, os prazos eram contados corridos, isto é, devia ser excluído o dia do começo e incluído o dia do vencimento, sem interrupções. Exemplo: prazo de oito dias (é o prazo para interposição de recurso ordinário) começando no dia 5 (4ª feira), mais oito dias corridos, terminaria dia 13 (5ª feira). Era assim desde 1943. Durava exatos oito dias.

Essa era também a regra do CPC Buzaid, mas mudaram e o Código de 2015 também adotou a regra dos dias úteis (art. 219, do CPC). Mas, como o processo do trabalho tinha (e continua a ter) regra própria (art. 775, da CLT), não se aplicava nas questões em tramitação na Justiça do Trabalho (Instrução Normativa n. 39 do TST, art. 2º, III).

Agora, vem uma lei e muda tudo. Os prazos processuais na Justiça do Trabalho são iguais aos prazos da Justiça comum: somente os dias úteis. Aquele exemplo referido acima, passa a ter contagem diferente: começa dia 5 (4ª-feira), interrompe dias 8 e 9 (sábado e domingo), continua do dia 10 até o dia 14 (6ª-feira), e já são sete dias; interrompe novamente dias 15 e 16 (sábado e domingo) e termina dia 17 (o 8º dia útil = 2ª- feira).

Em outras palavras, o novo art. 775 da CLT aparentemente está violentando, de forma lamentável, o inciso LXXVIII do art. 5º da Constituição do Brasil. Lá está dito que deve ser assegurado *a razoável duração do processo e os meios que garantam a celeridade de sua tramitação.*

No exemplo acima, antes, o prazo começava dia 5 e terminava dia 13, direto, sem interrupção. Agora, começa dia 5 e termina dia 17 (quatro dias a mais), por conta de dois fins de semana, que não são dias úteis forenses. Será correto chamar de *celeridade* essa ampliação de prazo? Será que se assegura a *duração razoável do processo* aumentando o tempo de sua tramitação? Quem deve responder são os interessados, as partes no processo (reclamante e reclamado).

As novas regras contemplam possibilidades de prorrogação de prazo, mas não de sua redução. *Pelo tempo estritamente necessário*, pode ser prorrogado *quando o juízo entender necessário.*

Trata-se, inicialmente, de um lamentável equívoco, porque cabe do *juiz* (pessoa natural, agente do Estado investido de jurisdição) essa providência e jamais ao *juízo* (que é a instituição, o órgão jurisdicional, uma figura abstrata).

Apesar desse deslize, que poderia ser corrigido tivesse sido feita uma revisão de texto, existem duas hipóteses para o juiz prorrogar prazos. A primeira é quando entender necessário, o que representa um ato discricionário e, em alguns casos, pode se revelar mero capricho do magistrado, o que será de todo profundamente lamentável e, imaginando conhecer o espírito do magistrado do trabalho, bem podemos testemunhar que ainda não existe — e esperemos que nunca venha a existir — juiz que decida por mero capricho, teimosia desnecessária ou vaidade desumana.

A outra forma de prorrogar prazo é em virtude de força maior, devidamente comprovada, como, por exemplo, a existência de centenas de outros processos a apreciar, o que impede que se tome determinada providência em algum outro processo.

Apesar disso, de saber que contagem em dias úteis não agiliza a prestação jurisdicional e que essa modalidade de contagem não foi produzida pelo Judiciário, a Associação Nacional dos Magistrados Trabalhistas protocolizou, no Conselho Superior da Justiça do Trabalho Pedido de Providências para alterar o art. 7º da Resolução CSJT n. 155/2015, a fim de que, em todos os prazos legais, judiciais e administrativos, se apliquem aos atos dos juízes a regra desses dias úteis para que sejam uniformizados os prazos no Judiciário Trabalhista.

No mais, o § 2º do art. 775 possui regra que dá ao juiz poder para dilatar prazo processual e ordem de produção de prova, dispondo que:

> § 2º Ao juízo incumbe dilatar os prazos processuais e alterar a ordem de produção dos meios de prova, adequando-os às necessidades do conflito de modo a conferir maior efetividade à tutela do direito.

Insistimos: é uma pena que seja assim, porque, com todas as vênias, as partes, que querem uma solução mais célere, irão demorar a ter a resposta da Justiça do Trabalho. E não será por culpa dos juízes.

31. Preposto Empregado ou Não?

A CLT, que foi aprovada no governo Vargas em 1943, desde sempre contém o seguinte dispositivo:

> Art. 843 – (*omissis*)
>
> § 1º É facultado ao empregador fazer-se substituir pelo gerente, ou qualquer outro preposto que tenha conhecimento do fato, e cujas declarações obrigarão o proponente.
>
> Em seguida, o § 2º, cuidando da ausência do empregado, afirma:
>
> § 2º Se por doença ou qualquer outro motivo poderoso, devidamente comprovado, não for possível ao empregado comparecer pessoalmente, poderá fazer-se representar por outro empregado que pertença à mesma profissão, ou pelo seu sindicato.

A jurisprudência do TST, com o tempo, foi limitando essa liberalidade da legislação, que entendia que qualquer pessoa que soubesse dos fatos poderia representar o empregador. Inicialmente, em 1997, a Orientação Jurisprudencial (OJ) n. 99, da SBDI-1, passou a interpretar que, salvo reclamação de empregado doméstico, o preposto deveria ser empregado do reclamado.

Esse entendimento acabou se transformando na Súmula n. 377 que, na redação adotada em 2008, passou a dispor o seguinte:

> Súmula n. 377 – Preposto. Exigência da condição de empregado: Exceto quanto à reclamação de empregado doméstico, ou contra micro ou pequeno empresário, o preposto deve ser necessariamente empregado do reclamado. Inteligência do art. 843, § 1º, da CLT e do art. 54 da Lei Complementar n. 123, de 14 de dezembro de 2006.

Com essa posição, passou a ser recomendável a adoção, pelas instâncias inferiores (Tribunais Regionais do Trabalho e Varas do Trabalho), desse entendimento, considerando que decisões violadoras de Súmulas do TST ensejam a interposição de recurso de revista (art. 896, *a*, da CLT).

Dessa forma, a interpretação da Corte Superior trabalhista rigorosamente foi além do preceito consolidado, e, conforme a Súmula n. 377, a Justiça do Trabalho passou a admitir como preposto apenas aquele que fosse empregado do reclamado, salvo em caso de empregado doméstico e de micro e pequeno empresário.

Se é certo que, no âmbito da pequena e da microempresa, o número de outros empregados é reduzido, mais ainda quando se trata de emprego doméstico, onde, salvo exceções, existe apenas um único empregado, e os demais são os moradores da residência. E esse único pode ser o próprio reclamante.

Porém, a CLT rigorosamente não exige que o preposto seja empregado de ninguém. Recomenda que tenha conhecimento dos fatos, e apenas recomenda, sequer exige. E alerta que o que o preposto declarar obrigará o proponente, ou seja, suas declarações são como se tivessem sido feitas pessoalmente pelo empregador, a quem ele representa.

Ainda recentemente, o TST decidiu no sentido de que o preposto deve ser empregado, aplicando a confissão ficta a uma reclamada porque estivera representada em audiência por preposto não empregado (RR-439800-33.2007.5.09.0071, rel. Min. Lélio Bentes Corrêa).

A partir da entrada em vigor das alterações introduzidas pela Lei n. 13.467, de 13.7.2017, na CLT, o preposto não precisa mais ser empregado do reclamado. É que ao art. 843 da CLT foi acrescentado o § 3º, esclarecendo o alcance do § 1º, ensejador da Súmula n. 377. Essa regra, de modo expresso, registra:

> § 3º O preposto a que se refere o § 1º deste artigo não precisa ser empregado da parte reclamada.

Devemos acreditar que, assim, serão evitados muitos prejuízos na fase de instrução dos feitos trabalhistas, merecendo observar que, agora, ainda que ausente reclamado ou seu preposto, seu advogado poderá apresentar a contestação e juntar os documentos que tiver a apresentar. É a nova regra do § 5º do art. 844 da CLT.

Relativamente ao preposto que não precisa ser empregado, está surgindo uma nova profissão no mercado, o preposto profissional, e, a partir dessa constatação, a Justiça do Trabalho deverá redobrar atenções no sentido de verificar até que ponto esse tipo de *profissional* não poderá ser abrangido pelas regras atinentes a atos atentatórios à dignidade da Justiça (art. 77 do CPC) e a prática de atos de litigância de má-fé (art. 793-A e seguintes da CLT).

32. Prescrição Intercorrente

Em Direito, a prescrição é a perda do direito de ação, que ocorre quando alguém perde o direito de acionar outrem em juízo, porque deixou escoar o período de tempo fixado em lei. Os direitos trabalhistas, por exemplo, prescrevem em cinco anos, limitados a dois anos após a extinção contratual, conforme o art. 7º, XXIX, da Constituição:

> XXIX – ação, quanto aos créditos resultantes das relações de trabalho, com prazo prescricional de cinco anos para os trabalhadores urbanos e rurais, até o limite de dois anos após a extinção do contrato de trabalho.

Esse prazo começa a contar do momento da violação do direito, como o caso de um trabalhador que cumpriu horas extras em agosto de 2012 e somente em maio de 2018 foi reclamá-las na Justiça do Trabalho. Seu pedido está prescrito.

A grande maioria da doutrina trabalhista entende que a prescrição é elemento de defesa e deve ser arguida pela parte, no primeiro momento em que se manifestar, mesmo estando a regra fixada em mandamento constitucional. É nesse sentido a Súmula n. 153 do TST, por exemplo.

Existe também a prescrição intercorrente que é uma modalidade prescricional que decorre da paralisação do processo ocasionada por desinteresse do titular do direito.

A jurisprudência brasileira defrontava-se com duas interpretações divergentes. De acordo com a Súmula n. 327 do STF, *O direito trabalhista admite a prescrição intercorrente.* Diametralmente oposta, a Súmula n. 114 do TST prevê: *PRESCRIÇÃO INTERCORRENTE – É inaplicável na Justiça do Trabalho a prescrição intercorrente.*

Ambas as súmulas estão vigorando, mas agora existe um dispositivo legal adotando, expressamente, o precedente sumular da Suprema Corte. O atual art. 11-A da CLT consagra:

> Art. 11- A – Ocorre a prescrição intercorrente no processo do trabalho no prazo de dois anos.

Significa dizer que a prescrição intercorrente, agora, existe no processo do trabalho e pode ser declarada de ofício pelo juiz, ou requerida pela parte interessada, e em qualquer grau de jurisdição (§ 2º do art. 11-A). Foi afastada, portanto, a possibilidade de aplicação da Súmula n. 114 do TST

O prazo prescricional intercorrente começa a fluir do momento em que o exequente deixa de cumprir determinação judicial no curso da execução. Assim ocorre quando, por exemplo, notificada para indicar bens à penhora ou o endereço de localização do executado, o exequente nada faz, deixando o prazo transcorrer, sem qualquer atuação de sua parte. Findo o biênio prescricional, o juiz poderá determinar o arquivamento da ação, reconhecendo a intercorrência prescricional.

Com efeito, considerando que as regras introduzidas na legislação trabalhista pela Lei n. 13.467/17 começaram a vigorar em novembro passado, fica a questão tormentosa: a partir de quando deve ser aplicada a prescrição intercorrente na Justiça do Trabalho, ante a divergência jurisprudencial que existe entre o STF e o TST?

Parece que o tema, agora, encontra-se superado com a edição, pelo TST, por meio da Resolução n. 211, de 21.6.2018, da Instrução Normativa 41/2018, cujo art. 2º dispõe que:

> Art. 2º O fluxo da prescrição intercorrente conta-se a partir do descumprimento da determinação judicial a que alude o § 1º art. 11-A da CLT, desde que feita após 11 de novembro de 2017 (Lei n. 13.467/17).

Esse § 1º do art. 11-A determina:

> § 1º A fluência do prazo prescricional intercorrente inicia-se quando o exequente deixa de cumprir determinação judicial no curso da execução.

Nesse sentido, o Corregedor Geral da Justiça do Trabalho baixou a Recomendação n. 03, de 24.7.2018, complementando as regras da Instrução Normativa n. 41/2018, recomendando que *o juiz ou relator indicará, com precisão, qual a determinação deverá ser cumprida pelo exequente, com expressa cominação das consequências do descumprimento* (art. 2º), e, antes de decidir sobre a ocorrência da prescrição intercorrente, o juiz ou o relator deverá conceder prazo à parte interessada para se manifestar sobre o tema (art. 4º), com fundamento nos arts. 9º, 10 e 921, § 5º, do CPC. Ressalta ainda que não correrá o prazo de prescrição intercorrente nas hipóteses em que não for localizado o devedor ou encontrados bens sobre os quais possa recair a penhora, devendo o juiz, nesses casos, suspender o processo (art. 40 da Lei n. 6.830/80), conforme seu art. 5º, podendo ser determinada a remessa dos autos a arquivo provisório, garantido direito ao credor de seu ulterior desarquivamento para prosseguir na execução (§ 1º do mesmo artigo).

Se o feito for arquivado em definitivo, será expedida Certidão de Crédito Trabalhista, sem extinção da execução (artigos 86 e 87 da Consolidação dos Provimentos da CGJT).

Note-se que o arquivamento, seja provisório ou definitivo, somente ocorrerá após da realização dos atos de pesquisa patrimonial, mediante o uso de sistemas tipo BACENJUD, e da desconsideração da personalidade jurídica da sociedade reclamada, quando pertinente (§ 3º), além da inclusão do nome do executado no Banco Nacional dos Devedores Trabalhistas — BNDT e nos cadastros de inadimplentes, promovido o protesto extrajudicial da decisão judicial, conforme os arts. 883-A da CLT e 15 da Instrução Normativa n. 41/2018 (art. 4º).

Finalmente, conforme essa recente resolução da Corregedoria Geral da Justiça do Trabalho, em seu art. 6º, *reconhecida a prescrição intercorrente, será promovida a extinção da execução*, consoante dispõe o art. 924, V, do CPC.

Importa então: a partir de 11 de novembro passado, está valendo a regra da prescrição intercorrente em dois anos do despacho do juiz de determinar alguma providência na fase da execução. Em síntese: descumprida a determinação do juiz, deve ser arquivado o processo, observando os regramentos da Resolução n. 3, da Corregedoria Geral da Justiça do Trabalho.

33. Quitação Trabalhista

Um dos pesadelos patronais é a quitação trabalhista. Não raro, os patrões reclamam que, depois de pagarem as rescisões contratuais de seus empregados, eram levados à Justiça do Trabalho e, ali, pagavam outra vez.

Na verdade, não pagavam outra vez. Apenas, perante o Judiciário, estavam pagando o correto. E por que isso? Porque a lei ainda previa que todo empregado com mais de um ano de casa somente pode ser dispensado com sua rescisão sendo homologada ou perante seu sindicato de classe ou uma autoridade do Ministério do Trabalho (art. 477, § 1º, da CLT).

Nesse momento, no sindicato, costumeiramente, era aposto um carimbo, no verso do Termo de Rescisão do Contrato de Trabalho (TRCT), ressalvando direitos a maior. Aí o trabalhador garantia direito de reclamar outros créditos e valores na Justiça do Trabalho. Assim é porque a Súmula n. 330 do TST dispõe (ainda):

> Súmula n. 330 – QUITAÇÃO. VALIDADE – A quitação passada pelo empregado, com assistência de entidade sindical de sua categoria, ao empregador, com observância dos requisitos exigidos nos parágrafos do art. 477 da CLT, tem eficácia liberatória em relação às parcelas expressamente consignadas no recibo, salvo se oposta ressalva expressa e especificada ao valor dado à parcela ou parcelas impugnadas.
>
> I – A quitação não abrange parcelas não consignadas no recibo de quitação e, consequentemente, seus reflexos em outras parcelas, ainda que estas constem desse recibo.
>
> II – Quanto a direitos que deveriam ter sido satisfeitos durante a vigência do contrato de trabalho, a quitação é válida em relação ao período expressamente consignado no recibo de quitação.

Porém, com as modificações da CLT, introduzidas pela Lei n. 13.467/17, esses critérios sofreram profunda mudança.

O que desperta atenção não é a dispensa da homologação do TRCT, mas o termo de quitação anual. É que o art. 507-B cria uma faculdade a ambas as partes (patrão e empregado) que poderão, na vigência ou não do contrato, firmar termo de quitação anual de obrigações trabalhistas perante o sindicato de trabalhadores da categoria do empregado, termo esse que, segundo o parágrafo único, *discriminará as obrigações de dar e fazer cumpridas mensalmente e dele constará a quitação anual dada pelo empregado, com eficácia liberatória das parcelas nele especificadas.*

Isto quer dizer que, anualmente, o patrão levará o empregado ao sindicato de trabalhadores e lá ambos assinarão um termo declarando que está tudo quitado referente ao ano findo e, pelo menos em tese, o empregador não terá mais problemas perante o Judiciário. Aí vem uma pergunta: haverá empregado que, querendo garantir seu emprego, vai se recusar a aceitar dar a quitação anual ao patrão? Nem é preciso procurar resposta porque é evidente que essa norma é altamente prejudicial ao trabalhador.

Guardando essa quitação anual, temos a rescisão ao final do contrato. No passado, era indispensável ser, se contasse com mais de um ano de casa, homologado no sindicato ou no Ministério do Trabalho. A partir de novembro de 2017, a sistemática foi alterada porque os §§ 1º e 3º do art. 477 da CLT foram revogados e, não havendo necessidade de homologação, consequentemente não existirá mais a famosa ressalva. Bastará ao empregador comunicar às autoridades competentes a dispensa (art. 477), e, em 10 dias do final do contrato, pagar as verbas rescisórias (§ 6º). Deverá, ainda, dar baixa na CTPS e entregar as guias de saque do FGTS e do seguro-desemprego ou o comprovante de comunicação do Ministério do Trabalho, que suprirá aqueles (§ 10).

Ora, se existirá a quitação anual e a rescisão do contrato não depende de homologação, o trabalhador terá direito a alguma diferença posteriormente?

Esse questionamento será respondido nos dias que se seguirem à entrada em vigor das mudanças. Uma coisa, porém, parece certo: um empregado com cinco anos de casa, com quatro anos quitados mediante o termo anual (art. 507-B), terá apenas os direitos ao quinto e último ano para reclamar, porque a lei não fala em quitação desse período derradeiro (art. 477). Os demais, aparentemente, estarão quitados (art. 507-B da CLT).

Para os admitidos antes da vigência da reforma, não há falar em quitação anual anterior à lei, que é só para quem for admitido posteriormente. Desde novembro de 2017, todos, porém, podem quitar anualmente, inclusive os empregados anteriores. Quanto à rescisão, também desde novembro, não há mais homologação para todos os empregados dispensados a partir da vigência das novas regras.

O dia a dia dessa prática certamente suscitará muitas e graves questões, cabendo aos sindicatos de trabalhadores, se for o caso, a tarefa de negociar normas coletivas que estipulem elementos complementares a esse respeito.

34. Reforma Trabalhista e OIT

Levando em considerações a realidade brasileira, que não costuma enfrentar as questões do ponto de vista do Direito Internacional, por diversos motivos, inclusive os que apontaremos adiante, é de todo conveniência, para tratar da atuação da Organização Internacional do Trabalho (OIT) diante da reforma trabalhista de 2017, que sejam apreciados alguns aspectos do Direito Internacional.

Assim, este ponto está dividido em quatro tópicos. No primeiro, cuidaremos da aplicação do Direito Internacional. No segundo, examinaremos o papel do Comitê de Peritos na Aplicação de Convenções e Recomendações Internacionais do Trabalho. No seguinte, a reforma trabalhista em exame pela OIT. No final, faremos um arremate do ponto.

1. Aplicação do Direito Internacional

É reconhecidamente raro a uso, no cotidiano do Poder Judiciário brasileiro, de tratados internacionais. Salvo em casos pontuais, esse tipo de legislação dificilmente é cogitado.

São muitas as dificuldades que encontramos na aplicação de normas de Direito Internacional internamente, inclusive pela raríssima aceitação em adotar, *v. g.*, o controle de convencionalidade, que a Corte Interamericana de Direitos Humanos contempla desde 26.9.2006, com o caso *Almonacid Areliano e outros vs. Governo do Chile*, relatado pelo Juiz brasileiro Antônio Augusto Cançado Trindade[19].

Um dos raros casos de adoção do controle de convencionalidade entre nós apareceu no Tribunal Superior do Trabalho, em 2014, no julgamento do RR0001072-72.2011.5.02.0384 (Rel.: Min. Claudio Brandão), oportunidade em que foi afastada a aplicação do art. 193, § 2º, da CLT, adotando-se as regras das Convenções ns. 148 e 155 da OIT, reconhecidas como de *status* de norma materialmente constitucional ou, pelo menos, supralegal, como decidido pelo STF.

Em obra coletiva que coordenamos juntamente com Valério de Oliveira Mazzuoli, escrevemos (ambos) o texto de abertura, denominado de *Incorporação e aplicação das Convenções Internacionais da OIT no Brasil*, na qual são destacados os dois fatores que, mais que outros, dificultam a boa aplicação dos tratados no Brasil:

> Primeiro, falta coragem à parcela do Poder Judiciário em, v. g., contrariar as leis internas (inclusive a própria Constituição) para dar ao cidadão um direito que lhe assegura determinado instrumento internacional; teme-se estar cometendo algum grande equívoco

(19) Disponível em: <http://www.corteidh.or.cr/docs/casos/articulos/seriec_154_esp.pdf>. Acesso em: 24 maio 2018.

e que a norma interna, de uma forma ou de outra, cuidaria da mesma questão (ao que não se precisaria recorrer ao Direito Internacional tendo já lei interna a disciplinar o tema). Segundo, falta conhecimento a muitos operadores do Direito no que tange aos princípios e regras do contemporâneo Direito Internacional Público, especialmente do mosaico normativo de direitos humanos hoje existente (tanto do sistema global como do sistema regional interamericano).[20]

Este panorama não se tem alterado significativamente em nosso país, e, com as mudanças operadas em 2017 na legislação trabalhista, muitos aspectos dessas alterações foram questionados como violadores de convenções internacionais do trabalho e, por corolário, questionada sua validade perante o Comitê de Peritos da OIT.

Essa provocação à OIT revela a preocupação brasileira com a aplicação dos tratados de direito humanos, que cuidam de matéria trabalhista, quando pode ser identificada alguma violação às garantias que documentos dessa natureza oferecem.

Apreciaremos, adiante, as queixas formuladas por três entidades sindicais ao Comitê de Peritos da OIT em decorrência das alterações nas leis trabalhistas do Brasil.

2. A OIT e o Comitê de Peritos

Fruto de desenvolvimento gradual da necessidade de proteger o trabalhador, foi criada, em 1919, na Parte XIII do Tratado de Versailles, a OIT, sendo o Brasil um de seus fundadores. Buscando inspiração na doutrina social da Igreja, no sentido de promover o advento de leis para melhorar as condições econômica e social do trabalhador, preocupa-se com a sua desproteção, fruto do liberalismo do *laisser-faire, laisser-passer*, defendendo o advento de uma legislação internacional, protetora do operariado, respeitando as peculiaridades e a soberania de cada Estado membro.

A OIT é uma pessoa jurídica de Direito Internacional Público, formada por Estados, com personalidade jurídica própria, integrando o sistema das Nações Unidas como agência especializada. Tem sede em Genebra, na Suíça, e goza de imunidade de jurisdição e de execução por força de Convenção sobre privilégios e imunidades das agências especializadas das Nações Unidas (Nova York, 21.11.1947)[21].

Constituída de uma assembleia geral que reúne anualmente (a Conferência Internacional do Trabalho), do Conselho de Administração e da Repartição Internacional do Trabalho, a OIT possui diversas comissões, dentre as quais merece destaque o Comitê de Peritos na Aplicação de Convenções e Recomendações Internacionais do Trabalho, vinculada à Repartição. Esse Comitê de Peritos, criada em 1926, possui vinte membros, juristas de reconhecida capacidade, sendo órgão técnico-jurídico, que examina comunicações e relatórios dos Estados dirigidos à Repartição sobre a observância das convenções e das recomendações adotadas pela Conferência. Atualmente, o Ministro Lélio Bentes Corrêa, atual Corregedor Geral da Justiça do Trabalho, é o brasileiro perito no comitê.

---

(20) FRANCO FILHO, Georgenor de Sousa; MAZZUOLI, Valério de Oliveira. *Direito internacional do trabalho*. O estudo da arte sobre a aplicação das convenções internacionais da OIT no Brasil. São Paulo: LTr, 2016. p. 15.

(21) Ratificada pelo Brasil, e promulgada pelo Decreto n. 52.288, de 24.7.1964. V., a respeito, o nosso *Competência Internacional da Justiça do Trabalho*. São Paulo: LTr, 1998.

O Comitê de Peritos possui dois tipos de controle, a saber: (1) o de eficácia, quando identifica se as convenções estão sendo aplicadas, e (2) o de legalidade, acerca das violações que esses tratados tenham eventualmente sofrido. A finalidade da Comissão é a de obter dos Estados membros o cumprimento da Constituição da OIT, aplicação de convenções ratificadas e a adoção de disposições das recomendações e das outras convenções. Atua por meio de demanda direta, quando há pedido para o Estado adotar as medidas que recomenda, e de contato direto, realizado entre a autoridade do Estado membro e o Diretor Geral da Repartição, tendo apresentado ótimo resultado na América Latina, África, Ásia e Caribe, com a existência de conselheiros regionais.

Fixadas essas direções, vejamos a questão brasileira que o Comitê de Peritos está a examinar.

3. Reforma trabalhista e a OIT

Em 1943, foi aprovada por Getúlio Vargas a Consolidação das Leis do Trabalho, a nossa CLT. Durante muitos anos, foi criticada porque tida por anacrônica e superada. Pontualmente foi muito alterada, mas nenhuma das mudanças foi tão profunda quanto a que se operou em julho de 2017, quando foi sancionada a Lei n. 13.467, que, passado o período de *vacatio legis*, começou a vigorar em 11 de novembro do mesmo ano.

A ela (Lei n. 13.467/17) se sucedeu uma medida provisória (n. 808), editada no dia 14 de novembro e que acabou não sendo convertida em lei pelo Parlamento, perdendo, então, validade.

O que ficou constatada foi uma modificação muito profunda nos contornos da legislação trabalhista em vigor até então, exagerando protecionista, segundo alguns, e, portanto, prejudicando a atividade empresarial e o próprio desenvolvimento brasileiro. Isto teria sido um dos motivos das reformas encetadas em 2017, mas — é a grande crítica que tem sido repetidamente feita —, o procedimento modificador foi açodado em demasia e os debates acerca de temas altamente relevantes praticamente foram inexistentes.

Na fase de *vacatio legis* das mudanças na CLT feitas pela Lei n. 13.467/17, no decorrer dos meses de agosto e setembro de 2017, três entidades sindicais apresentaram observações perante a Comissão de Peritos da OIT, em Genebra, contra a reforma trabalhista operada no Brasil. Foram, inicialmente, a *International Trade Union Confederation* (ITUC), juntamente com Central Única dos Trabalhadores (CUT), seguidas da Confederação Nacional das Carreiras Típicas de Estado (CONACATE), apontando violações às Convenções ns. 98 e 154, ambas ratificadas pelo Brasil. A n. 98 trata do direito de sindicalização e de negociação coletiva, de 1949, e a n. 154 cuida de negociação coletiva, de 1981.

O relatório do Comitê[22], apresentado em 2018 à Conferência Internacional do Trabalho, contém os três pontos da controvérsia. O primeiro se refere à promoção da negociação coletiva e a relação entre o negociado e o legislado, objeto, preponderantemente, dos arts. 611-A E 611-B da CLT, introduzidos pela Lei n. 13.467/17.

(22) Trata-se do *Application of International Labour Standards 2018*. Disponível em: <http://www.ilo.org/wcmsp5/groups/public/---ed_norm/---relconf/documents/meetingdocument/wcms_617065.pdf>. Acesso em: 23 maio 2018.

Nesse particular, foi observado pelo órgão internacional que, pelo art. 611-A da CLT, a negociação coletiva terá prevalência sobre a lei, reduzindo ou retirando direitos, em quinze situações tipificadas em rol exemplificativo pela CLT.

Em seguida, destaca que a negociação coletiva somente não prevalecerá sobre a lei, reduzindo ou retirando direitos, em trinta pontos previstos em rol taxativo (art. 611-B, da CLT), e que, como temos insistido, é de questionável proibição.

Após, o relatório aponta que a negociação pode servir para derrogar e não dar execução às disposições de proteção do trabalho, com o único limite de direitos constitucionais referidos no art. 611-B da CLT, o que estaria violando o art. 4º da Convenção n. 98. Esse dispositivo internacional dispõe:

> Art. 4º Deverão ser tomadas, se necessário for, medidas apropriadas às condições nacionais, para fomentar e promover o pleno desenvolvimento e utilização dos meios ***de negociação voluntária entre empregadores ou organizações de empregadores*** e organizações de trabalhadores com o objetivo de regular, por meio de convenções, os termos e condições de emprego.

O segundo ponto abordado no relatório trata da relação entre a negociação coletiva e os contratos individuais de trabalho dos *altos* empregados, os chamados empregados hipersuficientes, objeto do art. 444, parágrafo único, consolidado.

Escrevemos, a respeito desse tipo *sui generis* de trabalhador, que se trata de uma categoria intermediária, o qualificado, que encontramos o empregado hipersuficiente, com quatro características básicas: 1) deve ser possuidor de curso de nível superior; 2) deve perceber salário mensal igual ou superior a duas vezes o teto de benefícios previdenciários, que, em 2018, é de R$ 11.291,80; 3) necessita celebrar um acordo individual de trabalho específico, dispondo sobre sua condição; 4) aceita estipular, com o empregador, as condições em que se aplicam ao seu contrato as hipóteses do art. 611-A da CLT.

Evidente que se parece haver um lamentável equívoco, até porque os critérios que devem prevalecer para identificar condições de trabalho e de trabalhador são subordinação jurídica e dependência econômica e jamais a remuneração deve justificar situação de superioridade. Essa inclusive é a interpretação que se retira da Convenção n. 111 de 1958, da OIT, sobre discriminação em matéria de emprego e profissão[23].

Nesse particular, o relatório anota que a definição de trabalhador autônomo, como resultado do novo art. 442-B da CLT, terá o efeito de excluir os trabalhadores abrangidos por ela dos direitos sindicais reconhecidos tanto na legislação trabalhista, como na Convenção n. 98, ou seja, os deixará apenas envolvidos numa *falsa* prevalência da autonomia da vontade individual.

Assinala, ainda, que os contratos individuais de trabalho desses empregados chamados hipersuficientes, que contenham cláusulas contrárias às estabelecidas em normas coletivas, são igualmente contrárias à obrigação de promover a negociação coletiva, como manda o art. 4º da Convenção n. 98.

---

(23) A Convenção n. 111 da OIT foi ratificada pelo Brasil, e promulgada por meio do Decreto n. 62.150, de 19.1.1968.

Por fim, o ponto derradeiro, cuida do âmbito de aplicação das convenções coletivas de trabalho no tocante a definição dada pela reforma aos trabalhadores autônomos ou os casos de pejotização (art. 442-B, da CLT)[24].

O relatório do Comitê de Peritos destaca que a redação do dispositivo consolidado exclui os trabalhadores autônomos dos direitos reconhecidos tanto na legislação trabalhista, quanto no art. 4º da Convenção n. 98.

4. Arrematando o tema

Ainda é cedo para fechar questão em torno dos temas que estão sob exame do Comitê de Peritos, da mesma forma como é prematuro qualquer pronunciamento conclusivo sobre a reforma trabalhista que está sendo operada no Brasil.

Algumas observações, porém, devem ser efetuadas acerca do tema em exame pelo organismo internacional. O Comitê de Peritos, da mesma forma como a própria OIT, não são organismos supranacionais. Suas sanções não são de ordem penal, mas de grave efeito moral.

Após obter as respostas solicitadas ao Governo brasileiro, poderá o Comitê recomendar à Conferência Internacional do Trabalho que emita uma censura ao Governo brasileiro, o que é altamente prejudicial ao Brasil. Nada além disso.

É certo que a tendência do Comitê deverá ser no sentido de que se contemple em alto nível a negociação coletiva desde que não traga prejuízo para o trabalhador, considerando tanto os objetivos colimados pelas Convenções ns. 98, 151 e 154, quanto a regra do *favor laboris*, ínsita no art. 19, 8, da Constituição da OIT

Derradeiramente, nunca é demais lembrar que o Poder Judiciário (especificamente a Justiça do Trabalho), que tem a missão de cumprir e zelar pela Constituição, faça prevalecer as Convenções da OIT, que cuidam de direitos humanos e, como tal, ostentam superior grau hierárquico quando confrontadas com a CLT reformada, tratando-se, nesse campo, de aplicar o princípio da supralegalidade que o STF tem reiteradamente utilizado.

---

(24) Sobre pejotização, v. nosso *Curso de direito do trabalho*. 4. ed. São Paulo: LTr, 2018. p. 183-184.

35. Rescisão por Acordo

Dentre as reformas da CLT, que a Lei n. 13.467/17 introduziu, existe uma que é de interesse comum a empregados e patrões. Trata-se da extinção do contrato de trabalho por acordo.

Significa, em outros termos, que, desde novembro de 2017, quando as mudanças começaram a vigorar, o empregado pode ser dispensado acordando com o empregador as condições dessa saída.

Anteriormente, existiam quatro formas básicas de rompimento do contrato. Ou o empregado era dispensado por decisão do patrão, que pagava seus direitos e findava o contrato. Ou o empregado pedia dispensa e recebia apenas algumas parcelas, mas não poderia sacar os valores depositados em sua conta vinculada de FGTS, nem receber os 40% desse montante, nem aviso-prévio (ao contrário, ele é quem deve pré-avisar o patrão). A terceira forma era a dispensa motivada, quando o empregado praticava uma falta grave e era dispensado por justa causa. A última era a despedida indireta quando o empregador praticava atos que podiam ensejar o reconhecimento dessa saída forçada do empregado que, assim, receberia todos os créditos que faz jus.

Essas modalidades não mudaram e continuam a existir plenamente. Porém, desde novembro, temos uma quinta forma de finalização do contrato: o rompimento do vínculo por acordo entre empregador e empregador, como dispõe o art. 484-A da CLT.

Esse fim de contrato de trabalho não exige nenhuma solenidade, ao contrário de outros países (Argentina, por exemplo), que recomendam a oitiva da autoridade competente. Nessa modalidade, basta a simples vontade das partes, manifestada uma a outra, nada mais, embora não exista empecilho para que, no futuro, venha a ser recomendável que esse acordo seja homologado pela Justiça do Trabalho, porque, em sendo extrajudicial, estará albergado pelo art. 855-B da CLT.

Por outro lado, entendemos que não se trata de estabelecer qualquer relação com os diversos PDVs ou PDIs (planos de demissão voluntária ou desligamento incentivado), que, no âmbito federal, é um sistema regido pela Lei n. 9.468/97. Esses planos são utilizados pelas empresas para enxugar seu quadro de pessoal, otimizar seus custos e racionalizar sua gestão, nada tendo a ver com os débitos trabalhistas eventualmente existentes porque são limitados apenas aos valores que constam dos respectivos termos rescisórios.

Não devemos confundir adesão a PDVs ou PDIs com rescisão por acordo porque, neste, não são oferecidas outras garantias ou benefícios incentivados, que ocorrem naqueles, tipo assistência médica por um determinado período, complementação de previdência privada complementar etc.

Com efeito, essa nova modalidade de extinção do vínculo empregatício é aplicável aos contratos por prazo indeterminado. Aos demais contratos (por prazo determinado, inclusive o de experiência) existem regras próprias e não abrangem essa nova forma.

O empregador deverá, havendo acordo para a dispensa, pagar ao empregado que estará saindo, todos os seus direitos trabalhistas (férias vencidas e não gozadas e férias proporcionais; 13º salários vencido e proporcional; e, se houver, horas extras, saldo de salário, adicionais diversos etc.).

O aviso-prévio será pago, mas não integralmente. Será devido pela metade, se for indenizado. Como a lei é omissa quanto ao aviso-prévio trabalhado, entendemos que esse período deve ser, por analogia, também cumprido pela metade.

Não haverá pagamento da multa de 40% do saldo da conta vinculada do FGTS, que ocorre nos casos de dispensa sem justa causa. O empregado, neste tipo de rescisão, receberá metade do valor, ou seja, 20% dos valores depositados na conta de FGTS do trabalhador. No que refere propriamente aos valores que se encontram depositados nessa conta, o trabalhador poderá movimentar 80% do total depositado.

Não terá o empregado que sai da empresa por acordo direito ao seguro-desemprego, como expressamente está no art. 484-A, § 2º, da CLT.

Enfim, é boa essa mudança? Acreditamos que sim. Pelo menos, a partir de agora, não haverá mais que se falar em o próprio empregado efetuar o depósito de 40% do FGTS na conta do empregador e fazer *de conta* que recebe esse montante no momento da rescisão, como é bastante comum acontecer na prática, para poder ter direito aos demais créditos.

Ademais, resolve-se, de uma vez por todas, uma disputa desnecessária e facilita-se a vida de ambos: do empregado, que pode sair a procura de novo emprego, e do patrão, que pode ficar mais tranquilo sem ter que se preocupar, durante pelo menos dois anos e com relação a esse seu ex-empregado, com possíveis reclamações na Justiça do Trabalho.

36. Rescisão sem Homologação

Até novembro de 2017, qualquer empregado que deixasse seu trabalho com mais de um ano de casa, deveria, desde 1970 (Lei n. 5.584), ter sua rescisão contratual ser feita com a assistência (usualmente chamada de *homologação*) de seu sindicato de classe ou perante autoridade do Ministério do Trabalho (art. 477, § 1º, da CLT).

Essa regra, todavia, foi revogada pela reforma introduzida pela Lei n. 13.467/17 na CLT. O novo comando legal em vigor determina que o empregador (1) efetue a baixa na CTPS do empregado, (2) comunique aos órgãos competentes a dispensa e (3) efetue o pagamento dos créditos do trabalhador (art. 477, *caput*, da CLT), sem que haja necessidade da presença de mais ninguém, porque o § 1º foi revogado. Ou seja, a *homologação* do Termo de Rescisão do Contrato de Trabalho (TRCT) não existe mais.

Igualmente é importante notar que não há, para o caso de dispensa imotivada do trabalhador individualmente considerado, necessidade de qualquer espécie de autorização prévia do sindicato ou celebração de acordo ou convenção coletiva de trabalho, conforme determinado no art. 477-A da CLT. É bastante a vontade patronal no exercício do seu direito potestativo de dispensar.

No recibo de rescisão, deve ser registrada a natureza de cada parcela paga, discriminando o valor, e a quitação corresponderá apenas ao montante atribuído (§ 2º do mesmo artigo). Significa, então, que diferenças decorrentes de outras verbas não mencionadas no TRCT poderão ser questionadas posteriormente.

As formas de pagamento serão em dinheiro ou depósito bancário ou em cheque visado, sendo esta última modalidade proibida para o empregado analfabeto (§ 4º).

Foi mantido o valor limite para eventuais compensações. Assim, qualquer dívida do trabalhador com o antigo patrão está limitada, para fins de compensação no ato da dispensa, a um mês de remuneração (§ 5º), que é uma regra que existe desde 1970.

É de 10 dias a partir do término do contrato o prazo para o empregador pagar os direitos do trabalhador, e, nesse mesmo prazo, deverá comprovar que comunicou a extinção do contrato aos órgãos competentes (§ 6º).

Importante recordar que a unificação dos prazos não foi benéfica para o trabalhador. Para todos os casos, agora são 10 dias. Antes era diferente. Os contratos por prazo determinado deveriam ser quitados no primeiro dia útil subsequente ao seu término; nas hipóteses de rescisão antecipada do contrato por prazo determinado com ausência de aviso-prévio, ou sua indenização, ou dispensa de seu cumprimento, o prazo era de 10 dias corridos, ou na data final do contrato, o que viesse a ocorrer em primeiro; quando falecia o empregado, seus créditos deveriam ser pagos no dia seguinte ao óbito. Desde novembro de 2017, o prazo é único: 10 dias após a dispensa do obreiro, isto é, da data do término do contrato de trabalho.

Não sendo cumprido o comando do § 6º que referi acima, o infrator ficará sujeito à multa em 160 BTN (cuja variação em agosto de 2018, está fixada em 1,6575), salvo se ocorrer por culpa do trabalhador. O valor corresponde a R$-265,20.

Em ocorrendo a comunicação referida acima, bastará o antigo empregado apresentar sua CTPS com a respectiva baixa para se habilitar ao seguro desemprego e também para movimentar sua conta vinculada de FGTS (§ 10).

É necessário registrar uma observação. A Súmula n. 330, do TST, prevê:

> Súmula n. 330 – A quitação passada pelo empregado, com assistência de entidade sindical de sua categoria, ao empregador, com observância dos requisitos exigidos nos parágrafos do art. 477 da CLT, tem eficácia liberatória em relação às parcelas expressamente consignadas no recibo, salvo se oposta ressalva expressa e especificada ao valor dado à parcela ou parcelas impugnadas.
>
> I – A quitação não abrange parcelas não consignadas no recibo de quitação e, conseqüentemente, seus reflexos em outras parcelas, ainda que estas constem desse recibo.
>
> II – Quanto a direitos que deveriam ter sido satisfeitos durante a vigência do contrato de trabalho, a quitação é válida em relação ao período expressamente consignado no recibo de quitação.

Não consta nenhuma alteração no projeto de revisão de súmulas do TST, elaborado pela comissão de jurisprudência da Corte, proposta para a Súmula n. 330, mesmo assim, em parte, esse comando jurisprudencial poderá continuar a ser admitido.

Embora não exista mais a *homologação* do sindicato (a rigor, assistência), e, com isso, tenha terminado o famoso *carimbo de ressalvas*, o § 2º do art. 477 consolidado conserva o registro de que a quitação é válida apenas quanto às parcelas e valores consignados no TRCT. Em outros termos, eventuais diferenças poderão ser questionadas em juízo, nos termos dos itens I e II da Súmula n. 330 e do direito de acesso à justiça, do art. 5º, inciso XXXV, da Constituição de 1988.

37. Sindicalização: ser ou não Sindicalizado

Tema preocupante desde o início da vigência das novas regras da CLT, em novembro de 2017, tem sido a sobrevivência dos sindicatos brasileiros, sobretudo de trabalhadores. É que a contribuição sindical que os *sustentava* desde 1943 não é mais compulsória e somente pode ser descontada do salário do trabalhador se este expressamente autorizar.

Algumas entidades sindicais estão preocupadas, tentando encontrar um modo de sobrevivência que parece distante. A esse fim, das, aproximadamente, duas dezenas de ações declaratórias de inconstitucionalidade que tramitam no STF contra a reforma trabalhista, a maior parte versa sobre a contribuição sindical. Independentemente desse aspecto, acreditamos que exista uma *luz no fim do túnel.*

Com efeito, o art. 8º, III, da Constituição, determina que *ao sindicato cabe a defesa dos direitos e interesses coletivos ou individuais da categoria, inclusive em questões judiciais e administrativas.* Adiante, o inciso VI dispõe que é obrigatória a participação dos *sindicatos nas negociações coletivas de trabalho.*

São duas atribuições completamente distintas, a partir de uma rigorosa exegese do dispositivo, e tentaremos demonstrar esse aspecto do ponto de vista dos sindicatos de categoria profissional (de trabalhadores).

Defender direitos e interesses individuais significa, por exemplo, a defesa de um trabalhador que postula eventuais direitos na Justiça do Trabalho, dando-lhe assistência jurídica no processo trabalhista, conforme previsão expressa da Lei n. 5.584/76 (art. 14), e eventuais honorários serão revertidos ao sindicato assistente (art. 16).

Quando se cuida de direitos e interesses coletivos, a abrangência é maior, destinada à categoria como um todo homogêneo. Ou seja, a greve, que é um direito individual de exercício coletivo, é da categoria, com o sindicato oferecendo toda a estrutura necessária para a paralização.

Esses dois aspectos são tratados no inciso III do art. 8º da Constituição e, em ambos, a atuação sindical é obrigatória para a categoria, atingindo tanto associados quanto não associados.

Adiante, o inciso VI do art. 8º torna compulsória a presença do sindicato em negociação coletiva de trabalho. Nesse momento, a entidade sindical vai procurar novas conquistas para os trabalhadores e aí a abrangência altera.

A norma coletiva negociada, como sabido, desdobra-se em acordo coletivo de trabalho e em convenção coletiva de trabalho. As pessoas beneficiadas com elas, teoricamente, são todos os trabalhadores filiados ou não ao sindicato profissional.

No entanto, vivemos um momento novo no Brasil. Antes, a norma era negociada e todos se beneficiavam dela. Os esforços dos sindicatos eram recompensados pela contribuição sindical anual compulsória, o que justificava, por exemplo, a declaração de nulidade de cláusula fixando contribuição assistencial também (ou exclusivamente) para os não associados, porque discriminatória.

Afinal, havia uma contribuição bastante elevada para sustentar a atividade sindical, e, agora, as circunstâncias são outras. Estamos diante do que se chama *rebus sic stantibus*. Essa locução latina significa que as coisas permanecem como estão se as circunstâncias não se alterarem. É a teoria da imprevisão, utilizada no Direito Internacional, na Convenção de Viena sobre Direito dos Tratados (art. 62), e é normal aparecer nos contratos civis e comerciais (art. 478 do Código Civil de 2002), em oposição à outra (*pacta sunt servanda*), considerando que os contratos devem ser obedecidos conforme ajustados, e que igualmente figura na Convenção de Viena (art. 26), representando o princípio da força obrigatória dos tratados e dos contratos.

Com efeito, com base na teoria da imprevisão, e tendo que as circunstâncias da vida sindical sofreram profunda alteração, certas cláusulas negociados a partir de novembro de 2017, criando benefícios para os trabalhadores podem ser destinadas apenas aos filiados do sindicato. Esses benefícios são as conquistas da entidade sindical para beneficiar seus associados. Não são direitos nem interesses individuais ou coletivos de todos.

Evidente que não devemos admitir que o reajuste ou a reposição salarial negociada coletivamente seja uma conquista. Essa parcela é um direito, e, como tal, destina-se a todos os integrantes da categoria, associados ou não. No entanto, quando encontramos cláusula como concessão de um desconto específico para usufruir de algum benefício (ingresso gratuito numa casa de espetáculos, desconto na compra de produtos alimentícios, dentre outros exemplos), essa cláusula pode ser destinada apenas aos associados.

Agindo assim, não verificamos violação ao princípio da liberdade sindical, nem discriminação de espécie alguma. Constatamos, sim, um mecanismo perfeitamente válido inclusive para motivar o associativismo e, com isso, reduzir a taxa de evasão de sindicalizados.

De mais a mais, vantagens ou benefícios obtidos em negociação coletiva são corolário da função assistencial do sindicato, destinados, portanto, a seus associados e não a terceiros estranhos a seus quadros. Nesse sentido, lucidamente, o TRT da 8ª Região, sempre vanguardista, decidiu no acordão proferido na Ação Anulatória 0000863-20.2016, da lavra do Des. Gabriel Veloso Filho, que se alinha a precedente anterior, de autoria do Min. Mauricio Delgado, do TST, no ROAA-68200-37.2008.

Acreditamos que está na hora de os sindicatos começarem a repensar sua forma de atuação e, com isso, atrair mais associados, e essa modalidade (função assistencial do sindicato) é, a nosso ver, um meio perfeitamente válido de atuar.

Ao verificar que o sindicato de sua categoria está conquistando novos benefícios para seus associados, os que não associados sentirão as vantagens de sê-lo e não existirá mais o dilema do ser ou não ser sindicalizado.

38. Sócio Retirante

É sempre preocupante para uma pessoa imaginar que, por algum motivo, pode ser surpreendida com uma ação judicial que lhe retire parte do patrimônio. Geralmente, ocorre esse fato quando, iniciada a execução judicial de um feito, penhoram-se bens da empresa e, não sendo bastante, passa-se a excutir bens dos seus sócios e antigos sócios.

Até novembro de 2017, antes de vigorarem as mudanças da lei n. 13.467/17 na CLT, a situação do sócio retirante era de duvidosa tranquilidade. Mesmo tendo deixado uma sociedade, suas responsabilidades poderiam persistir por longo tempo, envolvido em sucessivas ações judiciais na Justiça do Trabalho.

As regras, atualmente, são outras e, em certo aspecto, tranquilizam aquele que não é mais sócio da empresa. O art. 10-A da CLT consigna:

> Art. 10-A – O sócio retirante responde subsidiariamente pelas obrigações trabalhistas da sociedade relativas ao período em que figurou como sócio, somente em ações ajuizadas até dois anos depois de averbada a modificação do contrato, observada a seguinte ordem de preferência:
>
> I – a empresa devedora;
>
> II – os sócios atuais; e
>
> III – os sócios retirantes.

Adiante, o seu parágrafo único registra:

> Parágrafo único – O sócio retirante responderá solidariamente com os demais quando ficar comprovada fraude na alteração societária decorrente da modificação do contrato.

Conforme o dispositivo consolidado, a responsabilidade do sócio retirante se estende por dois anos após ser averbada a alteração societária na Junta Comercial ou no Cartório de Pessoas Jurídicas. Geralmente este vinha sendo o entendimento prevalente da jurisprudência brasileira.

Porém, a novidade trazida pela reforma trabalhista, está na ordem preferencial que o mesmo art. 10-A estabelece. Em caso de eventual execução, a segurança jurídica prevalece no sentido de tranquilizar o empregador. Trata-se de benefício de ordem que visa a preservação da segurança jurídica.

Como se deverá processar a partir de agora? Primeiro, executam-se os bens da empresa (pessoa jurídica), depois os dos sócios atuais (remanescentes ou ingressantes a quando da execução), e, somente após, os dos sócios retirantes, conforme os incisos I, II e III do art. 10-A. Essa ordem preferencial deve, necessariamente, ser obedecida pelo juiz.

Trata-se de providência benéfica para aqueles que, deixando uma sociedade empresarial, anos mais tarde, eram surpreendidos com uma execução trabalhista que lhes retirava todo ou parte de seu patrimônio pessoal.

Doutrina e jurisprudência nacionais vinham aplicando a regra do art. 1025 do Código Civil, que determina:

> Art. 1025 – O sócio, admitido em sociedade já constituída, não se exime das dívidas sociais anteriores à admissão.

Em seguida, o art. 1.032 do mesmo Código registra:

> Art. 1.032 – A retirada, exclusão ou morte do sócio, não o exime, ou a seus herdeiros, da responsabilidade pelas obrigações sociais anteriores, até dois anos após averbada a resolução da sociedade; nem nos dois primeiros casos, pelas posteriores e em igual prazo, enquanto não se requerer a averbação.

Agora, com o dispositivo consolidado, não se torna necessário mais invocar o art. 8º, § 1º, da CLT, porquanto existe norma específica consolidada cuidando do tema, sem esquecer a indispensabilidade da averbação, pena de nada ter sido alterado.

A responsabilidade do sócio retirante limita-se apenas às dívidas trabalhistas contraídas na época em que integrava o quadro societário da empresa e que tenham sido apresentadas no prazo prescricional de dois anos. É assim que deve ser interpretada a expressão *obrigações trabalhistas*, que consta do art. 10-A consolidado porque não se pode entender a outros encargos obrigacionais o papel do antigo sócio.

As cautelas, todavia, devem ser tomadas e observadas também pelos julgadores. Qualquer alteração no contrato social da empresa que decorra de procedimento fraudulento altera a situação do sócio retirante. Na ocorrência dessa fraude, sua responsabilidade é solidária, e seus bens respondem igualmente aos demais em execução trabalhista.

Certamente, uma medida acertada ao isentar o sócio retirante correto de responder por ônus de demandas posteriores a sua saída da sociedade, com a cautela para os casos de desligamento fraudulento. Ressalte-se, finalmente, que é dele, sócio retirante, a responsabilidade de provar essa sua condição nos autos do processo em que figurar.

39. Teletrabalho

Dispõe o art. 75-B da CLT, na redação dada pela Lei n. 13.467/17:

> Art. 75-B – Considera-se teletrabalho a prestação de serviços preponderantemente fora das dependências do empregador, com a utilização de tecnologias de informação e de comunicação que, por sua natureza, não se constituam como trabalho externo.

Acrescentando:

> Parágrafo único. O comparecimento às dependências do empregador para a realização de atividades específicas que exijam a presença do empregado no estabelecimento não descaracteriza o regime de teletrabalho.

Temos pelo menos três situações mais comuns realização de teletrabalho no Brasil: 1) em telecentros (tipo *lan house* ou *cyber café*); 2) na casa do próprio teletrabalhador; e, 3) nas dependências do empregador.

O art. 75-C da CLT determina que deve ser consignado expressa e claramente, no contrato de trabalho, que a prestação de serviços será dada nessa modalidade, especificando as atividades que o empregado vai desenvolver e a alteração entre regime presencial e de teletrabalho poderá ser realizada desde que exista acordo de ambas as partes, registrado no contrato de trabalho em aditivo. O inverso decorrerá de determinação patronal apenas.

A CLT deixou às partes (empregador e teletrabalhador) a fixação da responsabilidade pela forma de desenvolver o trabalho, na forma do art. 75-D. Com efeito, o contrato de trabalho deve registrar as atribuições e responsabilidades de cada parte pela aquisição, manutenção e fornecimento dos equipamentos tecnológicos e da infraestrutura necessária e adequada à realização do teletrabalho, importando em admitir que poderá o empregador-contratante estabelecer com o empregado-contratado a quem incumbe fornecer esses elementos, sem que qualquer dessas utilidades integre a remuneração do empregado, Se for do empregado o ônus de adquirir os bens necessários a desenvolver seu mister, o contrato de trabalho também deverá prever o reembolso das despesas arcadas pelo trabalhador.

O art. 75-E revela que cabe ao empregador *instruir os empregados, de maneira expressae ostensiva, quanto às precauções a tomar a fim de evitar doenças e acidentes de trabalho,* devendo o trabalhador *assinar termo de responsabilidade comprometendo-se a seguir as instruções fornecidas pelo empregador.*

Note-se que a responsabilidade patronal termina na etapa de instrução, sendo desonerado de fiscalizar a atividade do empregado, de atuar com controlador do uso dos equipamentos de proteção individual e similares. Isto evidentemente que não é bom e o próprio termo de responsabilidade poderá ser judicialmente questionado.

Deve ser observado rigor na jornada de trabalho do teletrabalhador. Sua exposição demorada, sem intervalos, perante a tela do monitor, e a mesma postura por sucessivas horas, poderá trazer graves danos à saúde. Assim, é certo que a jornada regular de todo o trabalhador é a mesma do que estamos examinando, porém, neste caso, não deve ser esquecido o disposto no parágrafo único do art. 6º da CLT, introduzido pela Lei n. 12.551/2011, que veda a distinção também com o trabalho que se realize pessoal ou virtualmente.

Embora destinado à caracterização da relação de emprego, a celebração de um contrato de trabalho específico, preferencialmente por escrito, com todas as condições explicitadas minuciosamente, especialmente as relativas a jornada de trabalho e a questões ergonômicas, é recomendável.

Desde novembro de 2017, com a vigência das modificações introduzidas na CLT, ao teletrabalhador não se aplica o regime de jornada de trabalho comum aos demais. É que o art. 62, III, exclui o teletrabalhador dessa proteção, embora seja perfeitamente possível controlar a jornada de trabalho de um trabalhador remoto, utilizando os próprios meios tecnológicos que a informática possui.

Por fim, devem ser observadas medidas preventivas para a saúde do obreiro. Nos telecentros, é adequada a prévia aprovação das instalações pela autoridade competente em matéria de segurança, saúde, higiene e medicina do trabalho (art. 160 da CLT). Ademais, deve o empregado ser submetido a exames admissional, periódicos e demissional, e haver o fornecimento de Equipamento de Proteção Individual (EPI), conforme o art. 167 e parágrafosda CLT e a NR-7. Na mesma linha, indispensável informar ao empregado os riscos da atividade e dos equipamentos utilizados, consoante prevêem os arts. 19, § 3º, da Lei n. 8.213/91, e 182, II, e 197, da CLT, todos compatíveis com a regra do art. 75-E da CLT.

Vejamos os locais onde essa atividade pode ser desenvolvida e como devem ser exercidas as tarefas.

Os locais podem ser variados: telecentros, a própria empresa, a residência do teletrabalhador.

Sendo o teletrabalho desempenhado em telecentros disponibilizados pelo empregador, deve ser observado o art. 171 CLT, quanto às edificações, e o art. 175 da CLT e a NR-17 quanto à iluminação. Quanto à ventilação (natural ou artificial), a regra é a do art. 176 e seguintes da CLT. São dispositivos que continuam em vigor.

Sendo desenvolvidas na casa do teletrabalhador, convém o empregador averiguar, antes da contratação, se o local atende as exigências legais ou não coloca em risco a saúde e segurança do futuro empregado. Não estando em condições, o melhor é não contratar o empregado. Essa regra deve ser aplicada aos telecentros que não são de propriedade do empregador ou estejam fora de seu controle.

As instalações elétricas nos telecentros devem considerar que foram feitas por um profissional habilitado (art. 180 da CLT), possuindo pessoas capazes de atender empregadosou terceiros vítimas de acidentes por choque elétrico (art. 181 da CLT). Todas as prevenções cautelares devem ser tomadas (isolamento, aterramento, proteção contra-fogo etc.).

Sendo o teletrabalho desenvolvido na residência do empregado, como lembramos anteriormente, e sendo indispensável a contratação desse profissional, deve o empregador avaliar as condições do local, adotar medidas adequados de segurança e, por cautela, proporcionar a seu empregado curso de segurança do trabalho, onde aprenda a manusear materiais de primeiros socorros e atender vítimas de descargas e choques elétricos.

No que refere a máquinas e equipamentos, seja em telecentros, seja na residência do teletrabalhador, deve o empregador fornecer os equipamentos necessários (art. 458, § 2º, da CLT), observando as regras dos arts. 184 e 185 da CLT, bem como é recomendável a realização, às expensas do empregador, de curso para o correto manuseio, reparo e ajuste desse material. Esse fornecimento, todavia, deverá observar o regramento previsto no art. 75-D, no que tange ao possível reembolso por despesas efetuadas pelo teletrabalhador, destacando que esse trabalho pode ser realizado com uso de *tablets*, computadores portáteis, telefones e outros meios informatizados.

Um dos grandes problemas do teletrabalho está diretamente ligado à ergonomia, e às lesões de efeito repetitivo (LER). O tema é objeto da NR-17 e dos arts. 198, 390 e 405, § 5º, da CLT. A questão, aqui, gira em torno da postura correta do empregado, que permanecerá sentado por longas horas, diante de um computador, movimentando apenas seus braços e mãos, daí a necessidade de poltronas, mesas, cadeiras, teclados, telas de monitores protegidas para não lhe causar dano à saúde, especialmente à visão e à postura corporal. E, nesse caso, pouco importa se o trabalho é desenvolvido em telecentros ou na residência do obreiro. Em ambos, essas providências devem ser atendidas.

Em resumo, esses todos são aspectos relevantes desse tipo de trabalho que é uma forma de trabalho flexível, apresentando uma relação triangular (assalariado + empresa + novas tecnologias). Com o teletrabalho, surgiu o trabalhador virtual, para tentar minimizar os problemas do desemprego estrutural, acerca do qual escrevi anos atrás[(25)], e que pode serchamado, também, de trabalho remoto ou trabalho a distância, e ainda de telessubordinação ou da teledisponibilidade.

Existem países com legislação adiantada em termos de teletrabalho. É o caso de Portugal e Itália, e é praticado intensamente nos Estados Unidos da América, Alemanha, Austrália, Canadá, Países-Baixos, Japão e Grã-Bretanha, dentre outros.

No Brasil, o Projeto de Lei n. 4.505, de 2008, pretendeu regulamentar o trabalho a distância, conceituando e disciplinando as relações de teletrabalho, e continua tramitando no Congresso Nacional, mas perdeu razão de ser, porque, como verificamos, a Lei n. 13.467/17 trouxe regramentos, inseridos na CLT, que, salvo ajustes que poderão ser feitos no futuro, atendem às expectativas brasileiras.

(25) V. nosso *Globalização e desemprego*. São Paulo: LTr, 2001.

40. Tempo à Disposição do Empregador

O art. 4º da CLT dispõe:

> Art. 4º Considera-se como de serviço efetivo o período em que o empregado esteja à disposição do empregador, aguardando ou executando ordens, salvo disposição especial expressamente consignada.

Aparentemente, o texto é claro, sem indicar dúvidas: quando o empregado está esperando receber instruções ou desenvolvendo seu mister, está à disposição do patrão.

Essa clareza, todavia, não é bem assim. Durante muito tempo, atendendo às reclamações apresentadas à jurisdição trabalhista, a Justiça do Trabalho vinha deferindo, como parte do tempo à disposição do empregador, os períodos em que o empregado estava fazendo refeições dentro do estabelecimento, ou quando mudava seu uniforme no ingresso ou na saída do serviço, ou quando permanecia, após o trabalho, dentro da empresa, aguardando a forte chuva passar, e assim por diante. Significava mais dez ou quinze minutos de jornada além das oito regulares do trabalhador. Resultado: a empresa deveria pagar o adicional de horas extras por esse excesso.

Em outros termos, aumentava o custo da mão de obra no Brasil, porque, ao ocorrer acréscimo salarial, existirá também toda uma série de novos deveres patronais, refletidos diretamente na folha de pagamento, dentro os quais os depósitos do FGTS e os recolhimentos previdenciários.

É claro que se esse acréscimo temporal fosse apenas com relação a um empregado, não haveria, em tese, razão de revolta, mas não era essa a realidade. A transformação desse tempo em pecúnia para todos os empregados de uma grande empresa importava em vários milhões de reais e, evidentemente, essa oneração não era vista com bons olhos.

Certamente este foi um dos principais motivos para a alteração que a Lei n. 13.467/17 promoveu no art. 4º da CLT, alterando seu antigo parágrafo único, que passou a ser o § 1º, e acrescentando o § 2º, com esclarecimentos sobre o que deve ser entendido, do ponto de vista estritamente legal, por *tempo à disposição do empregador*.

Com efeito, superada a jornada normal de oito horas, todo excedente é considerado período extraordinário, e será acrescido de 50% do valor da hora normal. É o adicional de horas extras, que, no entanto, não se aplicará mais quando o limite de cinco minutos do § 1º do art. 58 da CLT for ultrapassado nas hipóteses de escolha do próprio empregado de permanecer nas dependências da empresa, ou procura de proteção pessoal pelo empregado em caso de insegurança nas vias públicas (um assalto, por exemplo) ou más condições climáticas (chuvas torrenciais).

Além desses casos, existem mais oito possibilidades de não se considerar tempo à disposição do empregador (incisos I a VII do § 2º do arr. 4º da CLT). Essas hipóteses são: práticas religiosas (existem profissões religiosas que levam o trabalhador a momentos de oração em determinados horários dentro da empresa); descanso, lazer, estudo (desde que não seja participação em curso determinado pelo empregador) e alimentação (os intervalos realizados dentro do estabelecimento para essas finalidades); atividades de relacionamento social (as *festinhas* de aniversários comuns nos finais do expediente).

Também não se incluem como tempo a disposição do empregador os momentos de higiene pessoal do empregado nas dependências da empresa, bem como a nova regra excluiu o período gasto com a troca de roupa ou uniforme, quando não houver obrigatoriedade de realizar essa troca na empresa (inciso VIII), devendo, nesse caso, ser lembrado que nem sempre os empregados querem sair do serviço usando uniforme, optando pelo uso de seu próprio vestuário.

Além desses casos, existe outro, referente ao tempo de deslocamento do empregado, previsto no art. 58, § 2º, da CLT. Assim, o tempo despendido entre a residência do trabalhador e seu posto efetivo de trabalho e retorno, por qualquer meio, inclusive a pé, não se considera à disposição do empregador. Significa que terminou o chamado horário *in itinere*, que tratamos em outro ponto deste livro. Recorde-se, ademais, que a Súmula n. 90 (horário *in itinere*) e 429 (tempo entre a portaria o local de trabalho) deverão ser revistas em breve pelo TST.

Essas disposições certamente chamam a atenção pela novidade que representam, na medida em que restringem a possibilidade de se considerar estendida a jornada de trabalho com o desempenho de qualquer uma das atividades que mencionamos acima.

Em alguns casos, todavia, se nos momentos de exclusão, o empregado for solicitado a prestar atividades, interrompendo as hipóteses expressamente referidas na legislação, terá direito a computar o tempo despendido como se à disposição do empregador estivesse.

São alguns aspectos que serão observados ao longo do tempo, e que o Judiciário terá, quando provocado, a necessária acuidade para examinar.

41. Tempo Parcial

As mudanças introduzidas na CLT pela Lei n. 13.467/17 atingiram, também, o contrato de trabalho em regime de tempo parcial, que possui menor duração semanal que o contrato regular. É o regime conhecido como *part time*, mais uma forma precarizadora do trabalho humano.

Atualmente, a duração da jornada de trabalho em tempo parcial passou para até vinte e seis ou trinta horas semanais, podendo ou não haver acréscimo de horas suplementares semanais, de acordo com o art. 58-A, sendo revogados os arts. 59, § 4º, 130-A e parágrafo único, e 143, § 3º, todos da CLT.

O salário a ser pago aos empregados nessas condições é proporcional à sua jornada, em relação aos empregados que cumprem, nas mesmas funções, tempo integral, permitida aos atuais empregados a opção por esse regime, mediante manifestação ao empregador, como previsto em norma coletiva (art. 58-A, §§ 1º e 2º, da CLT).

Relativamente às férias, ao contrário da regra pretérita, o § 7º do art. 58-A estende ao trabalhador contratado nessas condições as mesmas regras do art. 130 da CLT. Trata-se de uma medida bastante expressiva e justa, porque dá a esse tipo de empregado as mesmas garantias daquele de jornada normal, pelo menos no que refere a férias, inclusive a possibilidade de converter um terço do período em abono pecuniário (§ 6º), tendo sido revogado o art. 143, § 3º, da CLT.

A proporção que existia anteriormente, então, não existe mais para o empregado em regime de trabalho em tempo parcial, que poderá ser incluído nas férias coletivas que forem concedidas aos demais empregados.

A norma consolidada prevê que os empregados submetidos a esse regime podem prestar horas suplementares, em decorrência da revogação do § 4º do art. 59 da CLT, que proibia essa prática.

Nesse aspecto, é necessário distinguir duas situações. A primeira é relativa ao contrato com jornada semanal de trinta horas, quando não é possível a prestação de horas suplementares semanais. A segunda cuida de contratação com jornada semanal de até vinte e seis horas, permitindo o acréscimo de até seis horas extras por semana (art. 58-A, *caput*, da CLT), regra aplicável também para os contratos com jornada semanal menor que vinte e seis horas (§ 4º).

Em qualquer situação, cada hora extraordinária sofrerá acréscimo de 50% sobre o valor da hora normal (art. 59, § 3º), podendo esse excesso de jornada ser compensado diretamente até a semana imediatamente posterior à da sua execução, ou quitada na folha de pagamento do mês subsequente, caso inexista compensação (art. 59, § 5º)

A adoção do regime de tempo parcial será feita mediante opção dos atuais empregados, manifestada perante a empresa, na forma prevista em instrumento decorrente de negociação coletiva, ou contratação de novos empregados sob este regime (art. 58-A, § 2º).

Os trabalhadores que integrarem o regime de contrato de trabalho em tempo parcial farão jus ao benefício do décimo terceiro salário, na proporcionalidade da carga horária e dos salários recebidos, conforme o art. 7º, VIII, da Constituição de 1988.

42. Terceirização

A terceirização, que equivale a *outsourcing* do inglês, significando, literalmente, fornecimento vindo de fora, e que ocorre quando o trabalho é desenvolvido dentro de uma empresa por outra com autonomia. Seu surgimento ocorreu com o moderno capitalismo, ao final da segunda grande guerra mundial, nas indústrias bélicas dos Estados Unidos da América, quando apenas a produção de armas e munições ficou atribuída a elas porque sua atividade-fim. As demais atividades, chamadas atividades-meio, passaram a ser desempenhadas por empresas contratadas.

A partir de agora, qualquer atividade pode ser terceirizada e exercida pela empresa principal ou por outras empresas contratadas para essa finalidade. Significa que podem ser terceirizadas três tipos de atividades: meio, inerente e fim.

A atividade-meio não é a essência da empresa para ela funcionar. É aquela não essencial, secundária, complementar, as atividades que objetivam completar as principais constantes em seus objetivos sociais, mas, note-se, sem as quais o fim não será adequadamente alcançado. Geralmente são atividades de segurança, manutenção e limpeza, e costumam ser terceirizadas.

As atividades inerentes são aquelas em que a empresa contrata outra com seus empregados para intermediar seus serviços, como venda de aparelho de telefone, colocação de postes de energia elétrica etc.

A atividade-fim é a própria essência da empresa. São aquelas que, geralmente, estão descritas na cláusula objeto de seu contrato social, como fundamentais a sua existência mesma. Assim, numa rede de supermercados, caixas, repositores, embaladores; numa construtora, pedreiros, carpinteiros, pintores, que, a partir de agora, podem ser terceirizados.

Os concursos públicos não são afetados. A terceirização não se destina a cargos ou funções públicas, mas apenas a empregos públicos. Ou seja, pode ocorrer terceirização em paraestatais (empresas públicas e sociedades de economia mista), mas os concursos públicos continuarão por força do art. 37 da Constituição.

Esse mecanismo existe em muitos países do mundo. Na Europa: Alemanha, Bélgica, Holanda, Noruega e Suécia. Na América, Peru, Costa Rica e Colômbia. Na Ásia, Japão e China. Na Oceania, Austrália. O Brasil está se alinhando a esse fenômeno mundial.

Por *terceirização*, então, devemos entender a contratação para prestação de serviços de uma pessoa física (profissional autônomo) ou jurídica (empresa especializada), para realizar determinadas atividades de que necessite, sem que possua os elementos naturais de relação de emprego, tais como subordinação, habitualidade, horário, pessoalidade e salário. No Brasil, desde a reforma da Lei n. 13.429/17, é possível até mesmo a terceirização das chamadas atividades-fim. Outra mudança foi a introduzida pela Lei n. 13.467/17, que começou a vigorar em 11 de novembro de 2017.

A terceirização da atividade-fim é certamente a mais criticável. Acha-se prevista no art. 4-A da Lei n. 6.019/74:

> Art. 4º-A – Considera-se prestação de serviços a terceiros a transferência feita pela contratante da execução de quaisquer de suas atividades, inclusive sua atividade principal, à pessoa jurídica de direito privado prestadora de serviços que possua capacidade econômica compatível com a sua execução.

A remuneração dos terceirizados deve ser a mesma dos efetivos, mas não se trata de uma garantia, senão mera faculdade entre contratante e contratada que *poderão estabelecer, se assim entenderem, que os empregados da contratada farão jus a salário equivalente ao pago aos empregados da contratante* (§ 2º do art. 4-C). Note-se que é apenas possibilidade de equivalência e não de igualdade.

Alguns Regionais possuem jurisprudência mais abrangente e mais adequada, tratando com igualdade os iguais. Na 8ª Região da Justiça do Trabalho (Pará e Amapá), duas súmulas cuidam da matéria (ns. 8 e 52). A n. 52 dispõe:

> Súmula n. 52 – Terceirização. Identidade de função entre os empregados da prestadora e da tomadora de serviços. Direito aos mesmos benefícios. Obediência ao princípio constitucional da isonomia. Art. 12, *"a"*, da Lei n. 6.019/1974 – Independentemente da licitude na terceirização, é devida aos empregados das prestadoras de serviços *a mesma remuneração e as mesmas vantagens* concedidas aos empregados da tomadora de serviços, desde que constatada a similaridade nos serviços e atividades desempenhadas, em obediência ao princípio constitucional da isonomia, garantida, em qualquer hipótese, a percepção do salário mínimo regional e por aplicação do disposto no art. 12, alínea *"a"*, da Lei n. 6.019, de 3.1.1974, e não o previsto no art. 461 da CLT. (grifamos)

A Súmula n. 8 conserva a regra similar destinada às empresas públicas e sociedades de economia mista, consignando:

> Súmula n. 8 – Isonomia salarial entre empregado de empresa terceirizada e os integrantes da categoria profissional da tomadora dos serviços. Empresas públicas ou sociedade de economia mista – A contratação irregular de trabalhador, mediante empresa interposta, não gera vínculo de emprego com a empresa pública ou sociedade de economia mista, porém a impossibilidade de se formar a relação empregatícia não afasta o direito do trabalhador terceirizado às mesmas verbas trabalhistas legais e normativas asseguradas ao empregado que cumpre função idêntica nas tomadoras.

Ou admite-se essa igualdade ou poderia ser enfrentada uma arguição de inconstitucionalidade, porque estaria sendo violado o *caput* do art. 5º da Constituição, quando proíbe discriminação de qualquer natureza.

A responsabilidade subsidiária é uma preocupação constante, considerando que algumas empresas prestadoras de serviço nem sempre possuem idoneidade financeira bastante para responder pelos direitos trabalhistas de seus empregados terceirizados. Assim, conservam-se os expressos termos da Súmula n. 331, n. IV, do TST. Sendo inadimplente a empresa prestadora de serviços, a condenação será sobre a tomadora.

É exatamente a Súmula n. 311 que, jurisprudencialmente, traça o entendimento dominante sobre terceirização, em seus seis incisos, a seguir transcritos:

> SÚMULA N. 331. CONTRATO DE PRESTAÇÃO DE SERVIÇOS. LEGALIDADE
>
> I – A contratação de trabalhadores por empresa interposta é ilegal, formando-se o vínculo diretamente com o tomador dos serviços, salvo no caso de trabalho temporário (Lei n. 6.019, de 3.1.1974).
>
> II – A contratação irregular de trabalhador, mediante empresa interposta, não gera vínculo de emprego com os órgãos da Administração Pública direta, indireta ou fundacional (art. 37, II, da CF/1988).
>
> III – Não forma vínculo de emprego com o tomador a contratação de serviços de vigilância (Lei n. 7.102, de 20.6.1983) e de conservação e limpeza, bem como a de serviços especializados ligados à atividade-meio do tomador, desde que inexistente a pessoalidade e a subordinação direta.
>
> IV – O inadimplemento das obrigações trabalhistas, por parte do empregador, implica a responsabilidade subsidiária do tomador dos serviços quanto àquelas obrigações, desde que haja participado da relação processual e conste também do título executivo judicial.
>
> V – Os entes integrantes da Administração Pública direta e indireta respondem subsidiariamente, nas mesmas condições do item IV, caso evidenciada a sua conduta culposa no cumprimento das obrigações da Lei n. 8.666, de 21.6.1993, especialmente na fiscalização do cumprimento das obrigações contratuais e legais da prestadora de serviço como empregadora. A aludida responsabilidade não decorre de mero inadimplemento das obrigações trabalhistas assumidas pela empresa regularmente contratada.
>
> VI – A responsabilidade subsidiária do tomador de serviços abrange todas as verbas decorrentes da condenação referentes ao período da prestação laboral.

Entendemos que o n. I da Súmula n. 331, aparentemente incompatível com a legislação adotada sobre terceirização no Brasil, é com ela perfeitamente conciliável, porque se as regras brasileiras sobre a matéria forem violadas, ensejarão a aplicação da Súmula, e o vínculo empregatício será com o tomador de serviços (n. I). Nos casos de vigilância, conservação e limpeza o vínculo será com o tomador desde que caracterizada subordinação direta e prestação pessoal do trabalho (inciso III), o tomador é responsável subsidiário pelo inadimplemento da empresa prestadora (inciso IV), que abrange todo o período trabalhado (inciso VI). A Administração Pública, todavia, somente será responsabilizada se houver prova de ter agido culposamente, sobretudo na fiscalização dos serviços da terceirizada (inciso V).

Os empregados das empresas prestadoras de serviço, quando e enquanto seus serviços estiverem sendo prestados nas suas dependências, terão os mesmos direitos dos efetivos quanto aos seguintes benefícios, previstos no art. 4º-C:

- alimentação garantida aos empregados da contratante, se oferecida em refeitórios;
- utilização de serviços de transporte;
- atendimento médico ou ambulatorial se existente nas dependências da contratante ou local por ela designado; e,
- treinamento adequado, fornecido pela contratada, quando a atividade o exigir.

Além disso, quanto às condições sanitárias, é garantido ao trabalhador terceirizado medidas de proteção à saúde e de segurança no trabalho e de instalações adequadas à prestação do serviço.

Perceba-se que são direitos condicionais. Assim, se todo um setor da empresa for terceirizado, e for eliminado refeitório, nenhuma alimentação será fornecida aos trabalhadores trazidos pela via da terceirização porque não haverá alimentação fornecida aos empregados da contratante que simplesmente não existem mais. Sobrevindo situação dessa natureza, outras medidas, inclusive de ordem administrativa, poderão ser tomadas para garantia do mínimo de dignidade ao trabalhador. Deve ser observado, nesse particular, que o § 2º do art. 4-C contempla situação excepcional, garantindo alimentação e atendimento ambulatorial quando foram mobilizados terceirizados em numero igual ou superior a 20% dos seus empregados:

> § 2º Nos contratos que impliquem mobilização de empregados da contratada em número igual ou superior a 20% (vinte por cento) dos empregados da contratante, esta poderá disponibilizar aos empregados da contratada os serviços de alimentação e atendimento ambulatorial em outros locais apropriados e com igual padrão de atendimento, com vistas a manter o pleno funcionamento dos serviços existentes.

Ademais, existem outros pontos que merecem destaque. Dentre eles, a proibição de utilizar os terceirizados em atividades distintas daquelas do contratado com a prestadora (art. 5º, § 1º), podendo os serviços ser executados nas instalações físicas da contratante ou em outro local, desde que previamente avençado pelas partes (art. 5º, § 2º).

Ao contrário do que tem sido apregoado, não deixou a lei o trabalhador terceirizado desamparado. Cuida, no § 3º do mesmo art. 5º da garantia de desenvolver seu trabalho em condições de segurança, higiene e salubridade, responsabilidade direta da empresa contratante, sujeita à fiscalização pelas autoridades administrativas competentes.

Além disso, é facultado o direito de acesso a serviços médicos e ambulatoriais e locais de refeição da tomadora (art. 5º-A, § 4º). Para tanto, e recomendável que seja consignada expressa previsão no contrato entre prestador e cliente, porque não se cogita de negociação coletiva no particular, regra compatível com o *caput* do art. 4º-C. O dispositivo consigna:

> § 4º A contratante poderá estender ao trabalhador da empresa de prestação de serviços o mesmo atendimento médico, ambulatorial e de refeição destinado aos seus empregados, existente nas dependências da contratante, ou local por ela designado.

Dois outros destaques merecem, ainda, a lei brasileira de terceirização. O primeiro cuida de uma forma de pejotização, que é temporalmente vedada pela norma num primeiro momento, pela necessidade de cumprir uma quarentena. É o que consta do art. 5º-C ao proibir que uma empresa prestadora de serviço que tenha como titular ou sócio um antigo empregado ou um trabalhador sem vínculo empregatício, nos últimos dezoito meses, seja contratada, salvo se esse titular ou sócio for aposentado. Ou seja, passado esse período de um ano e meio, o ex-empregado pode constituir sua empresa e passar a *prestar serviço*, encobrindo-se uma pejotização, tema que tratamos em outro texto neste livro.

O segundo destaque acaba por vitimizar o trabalhador. O art. 5º-D proíbe que o empregado demitido da empresa trabalhe para essa mesma empresa como empregado de uma prestadora de serviço, salvo após expirado o prazo de dezoito meses a contar da sua despedida, tratando-se de uma nova quarentena. Em outros termos, ou o desempregado consegue ser terceirizado em outro local, ou simplesmente estará desempregado por um ano e meio, até poder retornar à atividade.

A norma não é a ideal, mas é menos pior sem ela, porquanto, antes dessa mudança que a Lei n. 13.429/17 introduziu na Lei n. 6.019/74, nada existia a respeito. Essa faculdade da contratante poderá ser, adiante, tornada obrigatória pela jurisprudência dos tribunais trabalhistas.

Apesar do disposto no art. 5º-C, não se deve confundir terceirização com pejotização, que, como visto em outro local deste livro, é uma clara fraude aos direitos do trabalhador.

Mesmo assim, a terceirização, que parece inevitável no mundo moderno, apelidado de neo-liberal, significa prejuízos cada vez mais expressivos para o trabalhador, merecendo ser tratada com extrema cautela a fim de não representar apenas malefícios para a classe obreira, considerando que a atividade terceirizada encarece o preço do produto final e barateia o da mão de obra.

43. Trabalho Intermitente

Com a reforma introduzida na CLT pela Lei n. 13.467/17, as formas de contrato individual de trabalho, ou contrato de emprego passaram a ser, conforme consta do *caput* do art. 443 da CLT, as seguintes:

> Art. 443. O contrato individual de trabalho poderá ser acordado tácita ou expressamente, verbalmente ou por escrito, por prazo determinado ou indeterminado, ou para prestação de trabalho intermitente.

Em julho de 2017, foi promulgada a Lei n. 13.467. Em novembro, mal esta começou a viger, foi editada a Medida Provisória n. 808, de 14.11.2017. Encerrada a vigência dessa norma temporária, foi editada a Portaria n. 349, do Ministério do Trabalho, de 23.5.2018. Três normas elaboradas em pouquíssimo tempo para cuidar de um tema esquecido anos a fio.

Vejamos, então, o que é relevante sobre trabalho intermitente, tal como se apresenta no momento.

Os traços que caracterizam um contrato de trabalho, exceção feita ao último tipo referido no art. 443, são os seguintes:

— reciprocidade — também chamado de sinalagmático, indicando que existem obrigações contrárias e equivalentes para as partes: o empregado dá sua força de trabalho; o empregador paga-lhe o salário;

— sucessividade — porque o contrato de trabalho é de trato sucessivo, decorrendo de sua natureza contínua, de duração geralmente ilimitada no tempo. E a sua não eventualidade, porque a prestação de serviço do empregado se dá normalmente por prazo indeterminado, o que faz o contrato ser duradouro;

— pessoalidade — é o caráter *intuitu personae* do contrato de trabalho. Nunca o empregado é uma pessoa jurídica, mas sempre uma pessoa física, uma pessoa singular, perfeitamente identificável como tal. Quando um empregador contrata um empregado, não quer interposta pessoa, mas aquela pessoa determinada;

— onerosidade — o salário é a contraprestação do empregador ao empregado pelo trabalho despendido a seu favor. Não se trata de um ônus patronal, mas de justa retribuição, na medida em que este deve responder pela remuneração do obreiro e os encargos sociais decorrentes da contratação e dos frutos que recebe a partir do trabalho desenvolvido;

— subordinação jurídica — é o mais importante elemento caracterizador da condição de empregado. Entende-se como tal aquela condição exclusiva do empregado de receber e cumprir ordens ao empregador, que lhe cuida das atividades, lhe autoriza cumprimento de jornada regular e suplementar, que lhe retribui pecuniariamente os serviços dispensados. O empregador possui dever de direção, de controle, de aplicação de penas disciplinares, e, do lado oposto, os deveres dos empregados de obediência, diligência e fidelidade[26].

Desse elenco de características, sem dúvida é a subordinação jurídica que melhor proporciona o reconhecimento da relação de emprego. No entanto, existem os demais requisitos que não devem ser esquecidos, sobretudo a continuidade, o trato sucessivo do contrato, que se repete, preferencialmente, sem limite de prazo de duração.

É essa condição de habitualidade que permite ao empregado sentir-se participante da empresa, e à empresa é o aumento do grau de fidúcia naquele trabalhador que ajuda o empreendimento a crescer.

O outro traço igualmente importante é o fato de haver remuneração ao empregado pelo trabalho prestado e essa contra prestação deve ser permanente, constante, frequente, de modo a garantir a tranquilidade necessária para o trabalhador desenvolver sua atividade, sabendo que, ao final de determinado período, receberá o justo valor avençado.

A ausência dessa remunerabilidade inquieta e desestimula o trabalhador, levando-o ao desgaste psicológico com graves e negativas repercussões familiares e no convívio interpessoal geral, inclusive na relação com colegas de trabalho e superiores hierárquicos.

Outro ponto interessante é demonstrar a existência das diversas modalidades dessa espécie de pacto, quais sejam aquelas expressamente mencionados no art. 443 acima transcrito.

Com efeito, o contrato individual de trabalho, que pode ser chamado de contrato de emprego, apresenta-se de forma táctica ou expressa, ou seja, quando há claros indícios de relação de emprego subordinado ou quando existe uma contratação clara e expressa para esse fim.

Pode ser também verbal ou escrito, significando dizer que a realidade vivenciada pelas partes é o principal traça identificador da sua existência, salvo hipóteses expressamente previstas em lei de ajustes por escrito.

A terceira modalidade é quanto ao tempo de duração do contrato. Pode ser por prazo indeterminado, que é a regra geral, a da indeterminação dos contratos, prevendo a estabilidade das relações e a duração quase infinita do vínculo laboral, e por prazo determinado, que a Lei brasileira admite ser de até dois anos.

Na parte final do *caput* do art. 443 da CLT está a alusão a esse outro tipo de contato de emprego: o contrato de trabalho intermitente, os contratos ultraflexíveis que, no Reino Unido, são chamados de *zero-hour contract*.

Novidade no Brasil, o trabalho intermitente existe mundo afora. Na Europa, embora também exista na França e na Alemanha, colhemos dois exemplos para exame: Portugal e Itália.

---

(26) Nesse sentido: SÜSSEKIND, Arnaldo Lopes *et alii*. *Instituições de direito do trabalho (I)*. 22. ed. São Paulo: LTr, 2005. p. 247, *passim*.

Em Portugal, o atual Código do Trabalho (Lei n. 7/2009 de 12 de fevereiro) cuida, nos arts. 157 a 160, do trabalho intermitente, que somente pode ser admitido em empresa que exerça atividade com descontinuidade ou intensidade variável, quando as partes podem acordar que a prestação de trabalho seja intercalada por um ou mais períodos de inatividade, e o contrato não pode ser celebrado por prazo certo ou contratação temporária (art. 157).

O contrato deve ser celebrado por escrito, indicando a jornada anual de trabalho ou o número de dias de trabalho durante o ano, e, se o contrato não for escrito ou não consignar esses registros, será tido como contrato sem inatividade, o mesmo sucedendo quando a jornada registrada for superior a um contrato por tempo completo (art. 158), o que importa em um contrato de trabalho comum.

De acordo com o art. 159, o período de prestação de trabalho intermitente deve ser estabelecido pelas partes de modo consecutivo ou intercalado, registrando o início e o final de cada período de labor, sendo registrado o tempo de antecedência de no mínimo vinte dias que o empregador deve ter para informar ao trabalhador do início do período de trabalho, pena de falta grave patronal, período esse que deve ser, anualmente, de seis meses, quatro dos quais consecutivos.

Em Portugal, o trabalhador intermitente tem direito a uma compensação retributiva pelo período em que estiver inativo, cujo valor deve ser estabelecido em negociação coletiva ou, na falta, no valor de 20% da remuneração básica correspondendo ao período similar de atividade (art. 160, 1).

No que refere às férias e à gratificação de Natal, devem ser calculados considerando a média dos valores recebidos nos doze meses anterior, ou pelo período de duração do contrato, se menor (art. 160, 2).

Nos períodos de inatividade, o trabalhador intermitente pode exercer outras atividades e todos os direitos, deveres e garantias das partes permanecem, salvo o que se refere ao efetivo trabalho (art. 160, 3 e 4).

Na Itália, o regramento do trabalho intermitente é o que consta do Decreto Legislativo n. 81/2015, cuidando da reorganização dos tipos contratuais. Segundo esse decreto, o trabalhador intermitente somente exerce atividades quando for necessário, mediante contrato escrito, podendo ser estipulado em duas situações: 1) necessidades previstas em normas coletivas autônomas em períodos predeterminados da semana, mês ou ano; e 2) por menores de 24 anos ou mais de 55 anos, deve, no primeiro caso, a intermitência terminar até a pessoa completar 25 anos.

A legislação italiana prevê, ainda, que o contrato de trabalho intermitente é permitido por um período não superior a quatrocentos dias, considerando três anos, exceto nos setores de turismo, vida pública e entretenimento. Prazo superior a quatrocentos dias em três anos transforma o contrato de trabalho intermitente em contrato por prazo indeterminado.

Como referimos acima, em todos os pactos de trabalho os traços caracterizadores são os que enumeramos. Porém, quando nos referimos ao contrato de trabalho intermitente defrontamos com uma situação atípica.

É § 3º do art. 443 da CLT que oferece a definição legal desse tipo de contrato de trabalho, nos seguintes termos:

> § 3º Considera-se como intermitente o contrato de trabalho no qual a prestação de serviços, com subordinação, não é contínua, ocorrendo com alternância de períodos de prestação de serviços e de inatividade, determinados em horas, dias ou meses, independentemente do tipo de atividade do empregado e do empregador, exceto para os aeronautas, regidos por legislação própria.

Esse contrato deve ser sempre celebrado por escrito, contendo especificamente o valor da hora de trabalho, nunca inferior ao valor do salário mínimo hora ou também não inferior ao salário dos demais empregados (os regulares), exercentes da mesma função, sejam contratados de forma intermitente, seja mediante contrato regular. É o que dispõe o *caput* do art. 452-A.

O Ministro do Trabalho editou a Portaria n. 349/18 com regras para executar as modificações efetuadas pela Lei n. 13.467 na CLT, e, em boa parte, repetindo por essa via o que desaparecera com o encerramento da vigência da MP n. 808/17, inclusive com a expressão *meio eficaz*, expressão que esses três diplomas utilizam para tratar da convocação.

Porém, nem a lei, nem a medida provisória, nem a portaria ministerial explicam o que é o *meio de comunicação eficaz* para que seja procedida à convocação do empregado (§ 1º do art. 452-A), sendo de todo recomendável que seja por meio de algum instrumento físico ou virtual que possa efetivamente provar esse comunicado. É que o § 1º mencionado não indica o que deve ser esse mecanismo *eficaz*, ao dispor, apenas:

> § 1º O empregador convocará, por qualquer meio de comunicação eficaz, para a prestação de serviços, informando qual será a jornada, com, pelo menos, três dias corridos de antecedência.

É crível que o tempo, senhor da razão, corrija a lacuna do legislador, ou o faço, como tempo repetidamente acontecido, a jurisprudência.

Recebido o aviso para comparecer ao trabalho, o empregado terá o prazo de um dia útil para responder ao chamado, presumindo-se, no silêncio, que se recusou atender a convocação (§ 2º), e essa recusa tácita (ou mesmo recusa expressa) não descaracteriza a subordinação para fins do contrato de trabalho intermitente (§ 3º). Essa forma de contagem em dias úteis é mais indicada e não permite maiores dúvidas.

Existe regra introduzida pela Lei n. 13.467/17 na CLT no sentido de aplicar multa pecuniária por violação do pactuado. É o § 4º, estipulando que, em sendo aceita a oferta, e qualquer das partes descumprindo o avençado sem justo motivo, a outra parte receberia, em trinta dias, multa de 50% calculada sobre o valor da remuneração que seria devida, permitida a compensação por igual prazo. Significa que, convocado pelo empregador e aceita a convocação, se uma das partes desfizer o ajuste sem motivo justificado, deverá pagar a outra, em trinta dias, o valor que seria devido ao empregado como remuneração, pela metade. Trata-se de uma multa que qualquer uma das partes deve à outra pela inadimplência. Pode, todavia, essa penalidade ser compensada pelo empregado mediante a prestação de trabalho nas mesmas condições no período seguinte de trinta dias.

Foi restabelecida, pela Portaria n. 349/18, a necessidade de anotação na CTPS do contrato intermitente, inclusive com o valor da hora ou dia de trabalho, nunca inferior ao mínimo, nem ao de outros empregados em função similar (art. 2º). A rigor, a Portaria é menos danosa para o empregado intermitente ao permitir, no § 3º do seu art. 2º, que este receba remuneração maior que os trabalhadores contratados regularmente, também por prazo indeterminado, apesar da redação bastante criticável do dispositivo.

Se a convocação do intermitente for superior a um mês, o pagamento do salário não poderá ser por período superior a ele, e será efetuado até o quinto dia do mês seguinte ao trabalhado (Portaria, art. 2º, § 2º), repetindo em parte da MP n. 808/17.

Aspecto altamente criticável é o que se refere a ter o período de inatividade como um momento sem direitos para o trabalhador, mesma regra existente no Direito português, constante do § 5º do art. 452-A:

> Art. 452-A. (...)
>
> (...)
>
> § 5º O período de inatividade não será considerado tempo à disposição do empregador, podendo o trabalhador prestar serviços a outros contratantes.

Com efeito, quanto ao período em que não houver prestação de trabalho (período de inatividade), e, por corolário, o pacto estiver inativo, esse tempo não será considerado como tempo à disposição do empregador, e não será remunerado (§ 2º do art. 4º da Portaria). Será esse período facultado ao obreiro desenvolver atividades a outros contratantes, seja de forma regular, seja de forma intermitente, porque o § 5º do art. 452-A da CLT não faz distinção, referindo-se apenas à prestação de *serviços a outros contratantes*, como veremos a seguir.

Assim, ao não considerar tempo à disposição do empregador, fica este liberado de qualquer obrigação contratual. O contrato de trabalho está suspenso, sem que exista qualquer ônus recíproco. Nem o trabalhador deve trabalhar para o empregador, nem este deverá pagar qualquer importância, à falta da reciprocidade necessária. Importa, então, que o empregado ficará desprovido de qualquer espécie de proteção, sequer a da seguridade, face à inexistência de, no período de inatividade, qualquer espécie de contribuição social, salvo se houver prestado serviços a terceiros.

Os direitos do obreiro em um contrato dessa natureza não lhes gerarão algum direito pelo período em que não estiver efetivamente trabalhando. Afinal, ele estará, em relação a esse empregador, em ociosidade absoluta.

Temos, repita-se, que o período de inatividade nada mais é do que o tempo em que o empregado ficar na inércia, isto é, sem trabalhar (e sem receber salário). Poderá, todavia, trabalhar para terceiros, por qualquer forma de contratação, inclusive outro contrato de trabalho intermitente. E, o mais grave e lamentável, quando inativo, esse trabalhador nada receberá e, consequentemente, não haverá recolhimento para a Previdência Social (o que impactará nos seus direitos previdenciários), nem na sua conta vinculada de FGTS (o que repercutirá no seu futuro).

Precariza-se grandemente o trabalho humano com essa disposição, ainda que se considere que o trabalhador pode prestar serviços a outros contratantes. No entanto, essas condições lhes retiram muito da sua tranquilidade e deve ser bem fixado que, caso não sejam rigorosamente observadas as regras para a celebração desse tipo de contrato e da convocação do empregado, parece claro que será considerado nulo o pacto e reconhecido por prazo indeterminado a sua duração, nos moldes adotados pela legislação da Itália, quando extrapola o limite temporal fixado.

Destacamos esses dois pontos porque, reportando aos traços habitualmente caracterizadores do contrato individual de trabalho, realçamos, além da natural subordinação jurídica, a onerosidade e a continuidade.

Como visto, ao exame das regras que dispõem sobre o trabalho intermitente no Brasil, que nenhum desses dois traços está presente nesse tipo diferente de ajuste.

No § 6º do art. 452-Aconsolidado está registrado que, ao final de cada período de prestação de trabalho intermitente, o empregado deve receber o pagamento correspondentes às seguintes parcelas: remuneração, férias proporcionais com acréscimo de um terço, décimo terceiro salário proporcional, repouso semanal remunerado e adicionais legais. Essas parcelas devem ser pagas contra recibo que as discriminará uma a uma, para evitar pagamento complessivo, como determina o § 7º.

Quanto ao FGTS, o regramento consta do § 8º do art. 452-A, repetido no art. 6º da Portaria, nos seguintes termos:

> § 8º O *empregador efetuará o recolhimento da contribuição previdenciária e o depósito do Fundo de Garantia do Tempo de Serviço, na forma da lei, com base nos valores pagos no período mensal e fornecerá ao empregado comprovante do cumprimento dessas obrigações.*

Adiante, o § 9º do art. 452-A prevê:

> § 9º A cada doze meses, o empregado adquire direito a usufruir, nos doze meses subsequentes, um mês de férias, período no qual não poderá ser convocado para prestar serviços pelo mesmo empregador.

Estaria havendo um conflito entre este dispositivo (§ 9º) e as férias proporcionais referidas no § 6º, inciso II, anterior? Entendemos que não. O empregado contratado de forma intermitente tem, por lei, direito a receber o valor das férias proporcionais do período de convocação, acrescidas de um terço, e, quando inativo, nada receberá, nem gozará as férias como deve ser. A cada ano que esse tipo de contrato complete, terá direito a *usufruir* (diz a letra da lei) de um mês regular de férias, e, a nosso ver, necessariamente com direito à sua remuneração integral. Não se pode admitir de outra forma, porque ninguém pode aproveitar férias sem recursos, e, se sua convocação não ocorrer todos os meses, evidente que não recebeu, no ano vencido, os duodécimos correspondentes a doze meses como qualquer trabalhador tem direito. O tema é controvertido, mas estamos convencidos de que esse é o entendimento menos injusto no trato desse tipo de ajuste.

Assinale-se que, quando gozando as férias anuais, não poderá ser convocado por esse empregador para nenhum serviço, mas poderá, evidentemente, trabalhar para outros. Ao cabo, essa, parece, é a única compensação desse tipo de contrato de trabalho. Ademais, deve ser aduzido queas férias do empregado contratado nesse sistema somente podem ser usufruídas em um único período de trinta dias, como está expressa em norma própria, e não na forma do art. 134, da CLT, que permite o fracionamento em três períodos, o que não é adotado na Convenção n. 132 da OIT, ratificada pelo Brasil.

A doutrina, majoritariamente, vem se posicionando no sentido de admitir que essas férias de um mês não devem ser remuneradas, mas apenas usufruídas (gozadas)(27), como assinalamos acima, apenas liberado o trabalhador de exercer atividades intermitentes a esse contratante.

No entanto, pelo § 9º do art. 452-A consolidado, a cada ano (doze meses) de vigência desse tipo de contrato, adquiri direito o empregado a um mês regular de férias, com direito à sua remuneração integral, como consagra a Constituição, quando também não poderá ser convocado por esse empregador para nenhum serviço, mas poderá, evidentemente, trabalhar para outros. Significa, *ultima ratio*, que receberá os duodécimos dos períodos intermitentes de atividade, e, ao cabo de doze meses, os valores integrais das férias anuais remuneradas acrescidas do terço constitucional. Serão, pela letra da lei, férias proporcionais e mais férias integrais. Em resumo, o trabalhador intermitente tem direito a duas espécies de férias: as proporcionais, correspondendo aos períodos em que efetivamente trabalhar, que apenas receberá *in pecunia*; e a integral após cada período aquisitivo de doze meses, quando, além de receber *in pecunia*, também terá direito aos dias de ociosidade.

Pondere-se, ademais, que poderá ser efetuada eventual compensação das férias proporcionais pagas a cada período de atividade com o montante das férias anuais. E, em reforma à impossibilidade de retirar a remuneração dessas férias ao final de doze meses, remetemos ao art. 7º, XXVII, da Constituição que cuida de *férias anuais remuneradas*, sem distinguir nenhuma espécie de trabalhador. Ou seja, todos os trabalhadores, sem exceção, têm direito a férias anuais remuneradas (grifamos), inclusive o intermitente.

Deve ser registrado que, ao trabalho intermitente, por ser absolutamente incompatível, não sendo atingido pelo direito do trabalhador de *vender* um terço de férias, não sendo aplicável a esse tipo de contrato a regra do art. 143 da CLT, mas as férias poderão ser fracionadas em três períodos, na forma do art. 134 da CLT, como o § 1º do art. 2º da Portaria informa, repetindo regra do MP n. 808/17.

Ademais, verbas rescisórias e aviso-prévio devem ser calculados pela média dos valores recebidos no curso do contrato, considerando apenas os meses em que houve trabalho (art. 5º da Portaria), e contribuições previdenciárias e FGTS serão recolhidos considerando os valores pagos mensalmente, fornecido comprovante ao empregado (art. 6º da Portaria).

Note-se que o sistema brasileiro é diferente daquele existente em Portugal, como apontaremos abaixo, onde o salário do trabalhador intermitente dependerá de negociação coletiva.

A prestação do trabalho nas condições que se considera de intermitência admite sua determinação em horas, dias ou meses, ou seja, o empregado pode ser contratado para trabalhar por quatro horas, ou quinze dias ou dois meses, dependente da atividade que vai desenvolver. Receberá pelo tempo efetivamente trabalhado, não recebendo pelo período inativo, ao contrário do direito português que prevê uma compensação, como mencionaremos adiante.

---

(27) SOUZA JUNIOR, Antônio Umberto *et alii*. *Reforma trabalhista*. 2. ed., São Paulo: Rideel, 2018. p. 215; e COLUMBU, Francesca. O trabalho intermitente na legislação laboral italiana e brasileira. In: *Revista dos Tribunais*, São Paulo, 106(984):298, out. 2017.

É necessário sempre insistir sobre o caráter altamente precarizador do trabalho intermitente, além dos motivos que apontamos acima. A polêmica em torno de sua criação no Brasil e de sua aplicação é extensa e envolve muitos pontos interessantes

O mais grave e lamentável, quando inativo, repita-se esse trabalhador nada receberá e, consequentemente, não haverá recolhimento para a Previdência Social (o que impactará nos seus direitos previdenciários), nem na sua conta vinculada de FGTS (o que repercutirá no seu futuro).

Precariza-se grandemente o trabalho humano com essa disposição, ainda que se considere que o trabalhador pode prestar serviços a outros contratantes. No entanto, essas condições lhes retiram muito da sua tranquilidade e deve ser bem fixado que, caso não sejam rigorosamente observadas as regras para a celebração desse tipo de contrato e da convocação do empregado, parece claro que será considerado nulo o pacto e reconhecido por prazo indeterminado a sua duração, nos moldes adotados pela legislação da Itália, quando extrapola o limite temporal fixado.

No momento presente, entre as idas e vindas de um encontro reformista, espera-se que, finalmente, seja deixado a empregadores e trabalhadores a busca de um ponto de acerto para corrigir as imperfeições do trabalho intermitente.

44. Transcendência

A transcendência é um instituto de direito processual do trabalho criado, no Brasil, pela Medida Provisória n. 2.226 de 4.9.2011. Por meio dele, o Tribunal Superior do Trabalho (TST), em sede de recurso de revista, pode examinar previamente se a causa, objeto do recurso, apresenta transcendência com relação aos aspectos de natureza específica: econômico, político, social ou jurídico (art. 896-A da CLT).

Assemelha-se a transcendência brasileira à competência que detém os juízes da Suprema Corte dos Estados Unidos, que, por meio do *Judiciary Act*, de 1891, decidem o que acham relevante para julgar e assim procedem.

Outros países adotam mecanismos similares. A Alemanha, desde 1956, a Espanha, conforme a Constituição de 1978, e a Argentina, através da Lei n. 23774, de 1990, são três exemplos desse tema.

O instituto é auto-aplicável, e essa missão é atribuída apenas ao TST, podendo o Ministro relator, monocraticamente, denegar seguimento ao recurso de revista, sujeito à agravo de instrumento, quando não demonstrada a transcendência (art. 896-A, § 2º).

A lei cuida de explicitar os indicadores da transcendência e o faz exemplificativamente no § 1º do art. 896-A. São quatro: (1) econômico, considerando o elevado valor da causa; (2) político, quando constatado desrespeito às Súmulas do TST e do STF; (3) social, quando a postulação do reclamante-recorrente versar sobre direito social garantindo na Constituição; e (4) jurídica, quando apresentar questão nova sobre interpretação de lei trabalhista.

A CLT, posteriormente à reforma de novembro de 2017, passou a contemplar regras acerca da tramitação de matéria transcendente. Com efeito, no recurso que o Ministro relator considerar inexistir transcendência, esse aspecto pode ser demonstrado pelo advogado do recorrente, em sustentação oral por cinco minutos em sessão (art. 896-A, § 3º), e da decisão colegiada não caberá recurso (§ 4º seguinte).

Constatada pelo relator a ausência de transcendência em sede de agravo de instrumento de recurso de revista, dessa decisão não caberá recurso, consoante o § 5º. Isto pode ser verificado quando a revista é trancado pelo juízo de admissibilidade regional.

Nesse ponto, é importante assinalar que transcendência não é objeto de exame no juízo de admissibilidade que exercem os Tribunais Regionais, (no caso da 8ª Região — Pará e Amapá —, a Vice-Presidência), cuja apreciação deve limitar-se aos aspectos intrínsecos e extrínsecos do apelo (§ 6º).

Deve ser lembrado que o recurso de revista é o remédio adotado para obter a manifestação do TST contra decisão de Tribunais Regionais, e tem como principal função uniformizar a jurisprudência trabalhista brasileira.

Embora possa ser questionável o caráter subjetivo da transcendência, mesmo com os quatro indicadores previstos na lei, e outros mais que podem ser agregados a critério do julgador (o elenco do § 1º do art. 896-A consolidado é exemplificativo), devemos convir que se trata de um instrumento necessário a fim de simplificar, racionalizar e dar celeridade ao sistema processual brasileiro.

É importante, ademais, lembrar a regra inserta na Instrução Normativa n. 41/2018 do TST, em seu art. 19, que considera:

> Art. 19. O exame da transcendência seguirá a regra estabelecida no art. 246 do Regimento Interno do Tribunal Superior do Trabalho, incidindo apenas sobre os acórdãos proferidos pelos Tribunais Regionais do Trabalho publicados a partir de 11 de novembro de 2017, excluídas as decisões em embargos de declaração.

Como sabemos, permite a legislação brasileira o manejo de uma infinidade de recursos e, ao cabo, termina por inviabilizar, concretamente, o comando que está no inciso LXXVIII do art. 5º da Constituição, no sentido de que a prestação jurisdicional não seja tardia. Isto lembra a sempre atual *Oração aos Moços*, de Ruy Barbosa, nas Arcadas Paulistas, quando assinalou que *justiça atrasada não é justiça, senão injustiça flagrante e manifesta.*

45. Ultratividade

O fenômeno conhecido por ultratividade é o mecanismo por meio do qual, expirado o prazo de vigência de uma norma coletiva, ocorre a sobrevivência das condições de trabalho mesmo depois, até que outra cláusula suprima ou modifique expressamente aquela.

Em 2012, o TST deu nova redação à sua súmula de jurisprudência dominante de n. 277, estabelecendo:

> SÚMULA N. 277 – CONVENÇÃO COLETIVA DE TRABALHO OU ACORDO COLETIVO DE TRABALHO. EFICÁCIA. ULTRATIVIDADE – As cláusulas normativas dos acordos coletivos ou convenções coletivas integram os contratos individuais de trabalho e somente poderão ser modificados ou suprimidas mediante negociação coletiva de trabalho.

A doutrina, todavia, não é pacífica, assinalando Amauri Mascaro Nascimento que, se vencida uma convenção coletiva de trabalho, e a cláusula que existia não aparecer no novo instrumento, têm-se por cessados seus efeitos[(28)], ou seja, exatamente o oposto do que previra a Súmula n. 277.

Trata-se de um princípio que se aplica às normas coletivas de trabalho como instrumento para manutenção de um determinado *"status"* legal, a fim de suprir o vazio que pode ser verificado entre a perda de vigência de uma norma coletiva (acordo ou convenção coletiva de trabalho) e o novo instrumento que resultará de eventual negociação. Geralmente, costuma ser assinalado que esse princípio se destina apenas a beneficiar a classe trabalhadora.

É induvidoso que, consagrada a ultratividade, é violado o critério de concessões mútuas na negociação coletiva, da mesma forma como a sua manifestação obstaculiza o incremento dessa forma extrajudicial de solucionar conflitos. Ambas as partes (empregadores e empregados) possuem suas razões para tentar conservar o *"status quo ante"*, e manter as normas tal como se acham.

Durante algum tempo, observamos que a jurisprudência fixou que as cláusulas não repetidas permanecem vigentes até norma coletiva superveniente. Esse passo, a nosso ver, enfraquecia e dificultava a negociação coletiva, no mínimo engessando cláusulas que poderiam ser modificadas de acordo com as reais necessidades das categorias. Por outro ângulo, no entanto, preservava o trabalhador de ficar desprovido de algum benefício existente na norma que perdera vigência, mas que continuava com validade até que outra a substituísse, mantendo, modificando ou até mesmo eliminando um direito existente na regra antiga.

(28) NASCIMENTO, A. M. *Iniciação ao direito do trabalho*. 33. ed. São Paulo: LTr, 2007. p. 93.

Em outubro de 2016, o Min. Gilmar Mendes, do STF, deferiu liminar[29], determinando *a suspensão de todos os processos em curso e dos efeitos de decisões judiciais proferidas no âmbito da Justiça do Trabalho que versem sobre a aplicação da ultratividade de normas de acordos e de convenções coletivas, sem prejuízo do término de sua fase instrutória, bem como das execuções já iniciadas.*

Com a reforma de novembro de 2017, o § 3º do art. 614 da CLT sofreu acréscimo e, de uma vez, sepultou a existência da ultratividade no Direito Coletivo do Trabalho do Brasil, proibindo sua prática. Hoje, o dispositivo está assim redigido:

> § 3º Não será permitido estipular duração de convenção coletiva ou acordo coletivo de trabalho superior a dois anos, sendo vedada a *ultratividade*.

O final do § 3º, então, veda o uso desse instrumento de interpretação, donde devemos considerar que, a partir do momento da expiração do prazo de vigência de norma coletiva autônoma, não tendo sido negociada nova cláusula que mantenha ou modifique a anterior, devemos ter como extinta a garantia que até então existia.

Veio esse dispositivo ser uma espécie de esclarecedor do alcance da redação do § 2º do art. 114 da Constituição, cuja redação anterior à Emenda 45/2004 determinava que a Justiça do Trabalho poderia estabelecer normas e condições de trabalho, *respeitadas as disposições convencionais e legais mínimas de proteção ao trabalho*. Agora, o dispositivo determina que sejam *respeitadas as disposições legais mínimas de proteção ao trabalho, bem como as convencionadas anteriormente*. Aparentemente, nenhuma mudança relevante. Mas, a expressão *anteriormente* havia sido interpretada pelo TST como sendo a consagração da ultratividade.

Considerando o disposto no § 3º do art. 614 consolidado, fica fora de dúvida a inexistência da ultratividade no Direito do Trabalho do Brasil, devendo os interlocutores sociais partirem para a negociação coletiva, como forma de preservar e garantir direitos.

Tudo leva a acreditar que a ADPF n. 323-DF, que ainda não teve seu mérito apreciado, deverá ser extinta por perda do objeto. A lei acabou com a ultratividade.

(29) Trata-se da ADPF n; 323-DF, de 14.10.2016 (Confederação Nacional dos Estabelecimentos de Ensino — CONFENEN. Intdos.: Tribunal Superior do Trabalho, Tribunal Regional do Trabalho da 1ª Região e Tribunal Regional do Trabalho da 2ª Região). Rel. Min. Gilmar Mendes. Disponível em: <http://www.stf.jus.br/portal/cms/verNoticiaDetalhe.asp?idConteudo=327394&caixaBusca=N>. Acesso em: 2 nov. 2016.

III — Futuro do Trabalho, do Direito do Trabalho e da Justiça do Trabalho

1. Origens do futuro

O que é futuro? Passado? Presente? Muitas vezes, perguntamos a nós mesmos se existem diferenças entre essas situações. Concluímos que o passado é infinito, que o futuro é o presente, e que o presente não existe.

Expliquemos: no momento em que falamos no presente, ele, que antes era futuro, imediatamente passou a passado. Logo, o presente é apenas a menor parte de um milésimo de segundo que apenas serve de comunicação entre o que foi (o passado) e o que será (o futuro). Não sabemos o começo do passado como não sabemos o final do futuro. Sabemos o que é o passado, mas apenas podemos supor o que será o futuro. Podemos presumir sobre o que vem, e afirmar sobre o que foi. Num mesmo instante, vivemos a transposição do futuro em passado: este instante é o presente.

Por isso, vivendo estes primeiros tempos de uma profunda reforma trabalhista no Brasil, cuidemos do sentido do futuro, do que vem agora para tentar alinhavar pontos e identificar a possível capacidade de transição que temos nesses instantes de profundas alterações.

Em 1943, quando foi aprovada a CLT, foram reunidos os diversos textos legais esparsos que existiam no Brasil. A comissão responsável garimpou a legislação que estava vigendo e a sistematizou de modo a facilitar seu entendimento e sua aplicação pela sociedade.

Logo começaram a surgir mudanças e não demorou para termos, como temos ainda hoje, uma fartíssima legislação trabalhista extravagante que se confunde com a CLT e, o pior, confunde quem quer aplicar a CLT.

É costume ser dito que a CLT é anacrônica, superada, em descompasso com os tempos modernos, uma colcha de retalhos sem rumo, e que o que está nela precisa ser revisto.

Diziam que a CLT era uma cópia da *Carta del Lavoro* da Itália porque um documento corporativista. Uma falácia. Pelo menos em tamanho a CLT está na frente: tem, na sua origem, 910 artigos. O diploma italiano possui apenas trinta artigos (menos de 4% da CLT).

De uns tempos para cá, muita coisa mudou nas relações trabalhistas. A modernização dos meios de produção, a facilidade da comunicação, a melhor formação profissional trouxeram profundas alterações na vida do trabalho, mas a legislação reguladora permaneceu inerte e acabou apresentando sinais de superação. Isto foi demonstrado ao longo desta obra.

Diversas tentativas de mudança legislativa foram feitas. Todas foram infrutíferas. Nada deu certo porque devemos acreditar que tenha faltado coragem parlamentar e discussões estéreis que não levaram a nada.

Em 2008, quando presidente da Academia Brasileira de Direito do Trabalho, designamos comissão presidida pelo saudoso mestre Amauri Mascaro Nascimento e composta pelos juristas Nelson Mannrich e Luiz Carlos Amorim Robortella, que elaborou um alentado anteprojeto de Lei de Relações Individuais do Trabalho. Igualmente não deu resultado e não passou de mais um documento para discussões em nível acadêmico.

Quando assumiu o Governo Michel Temer, em um crescente maremoto, que a globalização transformou em *tsunâmi*, de crise, um projeto minúsculo, o Projeto de Lei n. 6.787, de 2016, foi encaminhado pela Mensagem n. 688/16 ao Congresso Nacional. Basicamente propunha alterar regras sobre multas administrativas, trabalho a tempo parcial, representação de trabalhadores nas empresas, supremacia das normas negociadas sobre a legislação em exatos treze itens, e critérios para contagem de prazos, além de mudanças na lei do trabalho temporário.

Dos debates no Parlamento, o Projeto de Lei n. 6.787/16 passou a ser o Projeto de Lei n. 38/17, no Senado, e, o que era *nanico*, transformou-se em um *mastodonte*, e, agora, é o que vale: transformou-se na Lei n. 13.467, de 13 de julho de 2017. E pronto. E basta. Basta, e começou a vigorar em 11 de novembro de 2017. Passadas as primeiras 72 horas de sua vigência, o mundo brasileiro do trabalho foi surpreendido com a *reforma da reforma*, por meio da edição da Medida Provisória n. 808, de 14 seguinte.

A MP n. 808, todavia, não sobreviveu. Caducou, perdeu validade e desapareceu. Porém, a Portaria MTb n. 349, de 23 de maio de 2018, cuidou de quatro pontos, para dar sobrevida àquela norma provisória. E o TST aprovou a Instrução Normativa n. 41/2018, sobre a aplicação do direito processual relativo às mudanças da Lei n. 13.467/17, a que se seguiu a Recomendação n. 3/2018, da Corregedoria Geral da Justiça do Trabalho, com comandos sobre a prescrição intercorrente.

São as idas e vindas da reforma trabalhista, que ainda sobrevive (e deverá sobreviver). Muita coisa foi mudada. Bem mudadas algumas. Mal mudadas outras. Caberá aos interlocutores sociais os ajustes e sobretudo à Justiça do Trabalho corrigir os erros para não violar mais ainda os princípios que, arduamente, foram conquistados pela sociedade e que informam o Direito do Trabalho, sem descurar, todavia, a necessidade de alinhar o Brasil com o resto do mundo dito civilizado. Sequer sabemos, no momento presente da vida do país, se outras alterações serão processadas.

Em pinceladas, esta é a origem do *futuro* de tudo que envolve o trabalho em nosso país. É diante dele, do futuro, que nos encontramos. Então, vejamos o que ele nos reserva.

2. Futuro do trabalho

Temos muitas coisas a considerar a partir de agora, e ainda é cedo para admitir que tudo está absorvido pela doutrina, pela jurisprudência e, sobretudo, pela sociedade.

Devemos lançar uma visão prospectiva sobre o possível futuro do trabalho. Não se fala mais no trabalho subordinado nos modelos do século XX (Taylorismo, Fordismo,

Toyotismo, Volvismo, Gatismo etc.). Devemos cogitar do trabalho para o restante do século XXI e para os séculos que hão de vir.

Tempos atrás, circulou nas redes sociais um texto sobre novos e velhos empregos. Dizia: *Não é o mais forte e não é o mais inteligente que irá sobreviver no mercado. Mas sim, quem se adaptar mais rápido as grandes mudanças no mercado.* E, a partir daí demonstrava quatorze momentos dessas mudanças: *o MP3 faliu as gravadoras. O Netflix faliu as locadoras. O Booking complicou as agências de turismo. O Google faliu a Listel – Páginas Amarelas e as enciclopédias. O Airbnb está complicando os hotéis. O WhatsApp está complicando as operadoras de telefonia. As mídias sociais estão complicando os veículos de comunicação. O Uber está complicando os taxistas. A OLX acabou com os classificados de jornal.O celular acabou com as revelações fotográficas e com as câmeras amadoras. O Zip Car está complicando as locadoras de veículos. A Tesla está complicando a vida das montadoras de automóveis. O e-mail e a má gestão complicaram os correios. O Marketing de Rede mudou a forma de comércio. O mundo evoluiu, e com ele também a maneira de se viver e ganhar dinheiro... Quanto mais atrasada a nossa visão mais caro pagaremos por isso. Antecipe-se.*

Este é um alerta temeroso. Lamentavelmente, não é possível aprofundar estudos a esse respeito neste livro. Afinal, a *bola de cristal* da doutrina não permite, ainda, posições conclusivas e fechadas. Porém, precisamos considerar que as alterações tecnológicas mudaram a forma de trabalhar. Existe o teletrabalho, que, bem ou mal, as novas regras pretendem regular. Haverá, nesse aspecto, que serem procedidos a ajustes que, no entanto, irão surgir a partir das dificuldades da implementação de alguns comandos legais.

Temos a Educação a Distância (EAD), que é uma forma nova e diferente de ensinagem e diferente de aprendizado. E o professor, que é trabalhador, está atravessando um modo diverso de convivência com o alunado.

Existem trabalhos que teremos que nos adaptar: trabalho intermitente, dentre outros, que pode representar formas de precarização do trabalho humano. Na mesma linha, a terceirização, a quarteirização e a pejotização, que, lamentavelmente, acabarão sendo acolhidas e adotadas na sua plenitude.

Olhando este *novo mundo* nos deparamos com três palavras que caíram no gosto (ou desgosto) popular. Bauman dizia sobre duas delas: flexibilização é o *nome politicamente correto da frouxidão de caráter*[(30)], e desregulamentação é *a palavra da hora e o princípio estratégico louvado e praticamente exibido pelos detentores do poder*[(31)]. A terceira é precarização que parece ser o destino do futuro do trabalho humano, fruto do desemprego estrutural, da oferta de mão de obra crescente em contra-passo com a redução dos postos de trabalho, da ampliação do mercado informal, do subemprego e do desemprego.

Nesse meio de tanto dissabor, surgem os empregos verdes, que podem ser, pelo menos, uma forma de salvar o planeta da sua autodestruição.

---

(30) BAUMAN, Zigmunt. *Capitalismoparasitário.* Trad. Eliana Aguiar. Rio de Janeiro: Zahar, 2010. p. 34.

(31) BAUMAN, Zigmunt. *Comunidade:* a buscaporsegurança no mundoatual. Trad. PlínioDentzien. Rio de Janeiro: Zahar, 2003. p. 42.

Ademais, poderão as empresas (grandes, médias, pequenas, micro, individuais) sobreviver sem trabalhadores? E devem ser todos os trabalhadores considerados subordinados, e, portanto, empregados?

Precisamos repensar esses temas. Olhar para além das nossas fronteiras geográficas e acompanhar como andam os outros países. Vendo no exterior: em março de 2017, 22,5% da população da Grécia estavam desempregados, e, na Espanha, eram 18,75%. Em maio, o Brasil tinha 13,3% de desempregados em sua população, e os Estados Unidos registravam 4,5%[32]. E, da mesma forma como o desemprego aumenta, assim também crescem as mazelas do mundo: quase oitocentos milhões de desnutridos, mais de seiscentos milhões sem acesso a água potável, aproximadamente quatro milhões de crianças morrendo por ano antes de completar cinco anos de idade, e, dentro de pouco mais de dezesseis mil dias (menos de 44 anos) acabará o petróleo do planeta[33]. Em meio a isso tudo, o Brasil é o décimo país mais desigual do mundo, de acordo com o Programa das Nações Unidas para o Desenvolvimento (PNUD).

É neste quadro temeroso e temerário que se apresenta o futuro do trabalho.

3. Futuro do Direito do Trabalho

Passa o Direito por grandes mudanças. A tutela do Estado vem sendo pedida para ser afastada. A sociedade não está mais confiando no que o Estado (os três Poderes) pode lhe proporcionar.

Campeia a insegurança e a desordem. O Executivo pouco faz e vive às voltas com crescentes denuncias de malfeitos públicos. O Legislativo de há muito esqueceu de ser legislador, sua missão principal, e caminha em um pantanal de indícios pouco recomendáveis. O Judiciário, por força das leis mal feitas, arrasta-se lentamente sem atender à celeridade que a Constituição precisou dizer que deve existir, e, ainda assim, defronta-se com uma legislação processual que modifica a forma de contagem dos prazos para exclusivamente considerar os dias úteis.

A grande pregação de hoje é no sentido de fortalecer a autonomia privada coletiva. Esse, aliás, é o mote principal do atual modelo legislativo trabalhista adotado no Brasil.

Mas não é novo. Vem desde 1988 e passou desapercebido, em meio aos louvores festejando uma constituição promulgada por uma Constituinte original. Lamentavelmente, muita coisa passou para a Constituição vigente quando deveria, no máximo, figurar em lei ordinária. Outras tantas constaram como norma programática, e continuam constando da mesma forma. São direitos que existem, mas que, sob reserva legal, não podem ser exercidos na sua plenitude. Veja-se, como exemplo, o direito de greve dos servidores públicos, que depende de lei específica e que é regidom a partir de decisão da Suprema Corte, por uma lei de greve em atividades essenciais, *no que couber*.

---

(32) Disponível em: <https://pt.tradingeconomics.com/country-list/unemployment-rate>. Acesso em: 30 jun. 2017.

(33) Disponível em: <http://www.worldometers.info/br/>. Acesso em: 30 jun. 2017.

A negociação coletiva figurava na CLT desde 1943. Permaneceu até os dias correntes e ganhou foros especiais, quando o TST aprovou a Instrução Normativa n. 4/1993, que exigia o esgotamento das instâncias extrajudiciais para o ajuizamento de dissídio coletivo. Revogada a Instrução, readquiriu a Justiça do Trabalho seu poder normativo, a nosso ver, um dos momentos mais fenomenalmente importantes do Judiciário trabalhista, considerando a realidade sindical que os opositores a esse poder insistem em entender como questão de menor importância.

Sobreveio a Emenda Constitucional n. 45, de 2004, e foi incluída a dicção *de comum acordo* no § 2º do art. 114 da Constituição, para os dissídios coletivos de natureza econômica. A partir daí, enfraqueceu-se, novamente, o poder normativo, e os processos dessa espécie são extintos sistematicamente, sem resolução do mérito. Debalde isso, a negociação coletiva não foi em frente. Apenas uma decisão isolada, do TRT da 8ª Região, declarou a inconstitucional incidental desse *de comum acordo*.

Agora, os arts. 611-A e 611-B da Lei n. 13.467/17 cuidam da prevalência da norma negociada sobre as disposições legais em vigor. Isto é bom, porque, ao cabo, é fortalecida a autonomia privada coletiva, e capital e trabalho ficam *em pé de igualdade*. O problema não é *ficar em pé*. A questão é a *igualdade*, que, todos sabemos, não existe.

Por que não existe? A razão é simples: os sindicatos brasileiros de trabalhadores são muitos, demasiadamente pulverizados, e exageradamente fracos, salvo umas pouquíssimas exceções que não chegam a representar nem 5% dos quase 17.000 regularmente registrados no Ministério do Trabalho.

No Pará, por exemplo, raros são os sindicatos realmente fortes e representativos: urbanitários, trabalhadores em transportes coletivos, comerciários, e talvez mais uns dois ou três. O resto não tem poder de pressão para obter conquistas adequadas em uma negociação direta.

Os direitos do art. 611-A da CLT podem ser livremente negociados (*entre outros*), por isso poderia ser chamado esse dispositivo de *negociado*, e são direitos que constam da legislação e que, também por lei, poderão ser negociados.

O § 2º desse artigo prevê que a inexistência de expressa indicação de contrapartidas recíprocas em convenção coletiva ou acordo coletivo de trabalho não ensejará sua nulidade por não caracterizar um vício do negócio jurídico, na linha do que, anteriormente, acenara o STF (RE n. 895.759, rel. Min. Teori Zavaski; RE n. 590.415-SC, rel. Min. Luiz Roberto Barroso; ADPF n. 323-DF, rel. Min. Gilmar Mendes). Ademais, se procedente a anulação de uma cláusula negociada, a compensatória seguirá o mesmo caminho, sem repetição do indébito (§ 4º).

O art. 611-B é o legislado, repetindo, basicamente, os direitos consagrados nos arts. 7º, 8º e 9º, da Constituição, somando aproximadamente três dezenas de direitos. O perigo, que não tem sido percebido por muitos, é a palavra *exclusivamente* que aparece no dispositivo. A razão do perigo é que a nulidade somente ocorre se constatada a pura e simples supressão ou redução de direitos. *Modus in rebus*, se houver alguma compensação inexistirá nulidade a proclamar.

Acreditamos que, nesse aspecto, a Justiça do Trabalho terá muito trabalho para corrigir as violações aos princípios informadores do Direito do Trabalho, em decorrência da *exclusividade* que aparece no art. 611-B.

Uma coisa, porém, parece indesmentível: o Direito do Trabalho será agora e, sobretudo, o que as partes criarem. É o resultado da conjugação de seus interesses, onde patrões e empregados coloquem suas dificuldades, seus sucessos, suas razões, suas vontades, suas ideias e seus ideais. Negociem livremente e encontrem os pontos de concordância que existem no seu *modus vivendi* e elaborem os documentos que irão reger sua convivência harmônica por um lapso temporal.

Assim, nosso Direito do Trabalho, menos que um código de leis elaborado pelo Estado, terá uma compilação de acordos coletivos de trabalho e convenções coletivas de trabalho e de acordos individuais também (porque existe previsão até para isso), e serão essas as regras que, primordialmente, irão reger as relações de convivência entre trabalhadores e patrões no Brasil.

As normas heterônomas, todavia, não devem ser consideradas supletivas dessas autônomas. Terão papel de contrapeso, de fiel da balança, para equilibrar as diferenças que demonstrarem a desigualdade entre as partes. Não procedendo dessa forma, estaremos rompendo com tudo o que existe no mundo do Direito do Trabalho. É importante que os seus princípios basilares continuem a ser observados, sem exageros, mas com equilíbrio, serenidade e seriedade, inclusive, e especialmente, no momento em que as normas que vierem a surgir estiverem sendo negociadas.

4. Futuro da Justiça do Trabalho

A instituição *Justiça do Trabalho* foi criada na Constituição de 1934, como órgão do Poder Executivo, e somente em 1946 passou a integrar o Poder Judiciário. Dos antigos oito Conselhos Regionais do Trabalho, hoje este segmento do Poder Judiciário espraia-se em 24 Tribunais Regionais do Trabalho. Na Amazônia, na que costumamos chamar de *Justiça Amazônica do Trabalho*, em que pese sua dimensão continental, possuímos apenas três TRTs (dois de médio porte, o da 8ª com 23 desembargadores (Pará e Amapá) e o da 11ª com 14 desembargadores (Amazonas e Roraima) e um de pequeno porte, o da 14ª Região com oito desembargadores (Rondônia e Acre), com um total de 45 desembargadores (dos 567 existentes no Brasil) e, nessas três regiões estão apenas 120 Varas do Trabalho (56 na 8ª, 32 na 11ª e 32 na 14ª), das 1.587 Varas que funcionam no Brasil (101 Juízes na 8ª, 64 na 11ª e 63 na 14ª, perfazendo 228, dos 3.361 juízes trabalhistas brasileiros). Existe o Estado do Tocantins, que, todavia, está sob jurisdição do TRT da 10ª Região (Distrito Federal). O fato que queremos ressaltar é que, salvo quatro Estados da Amazônia (Amapá, Acre, Roraima e Tocantins), todos os demais possuem os seus próprios tribunais do trabalho. Esquecida sempre, esqueceram que aqui existem trabalhadores humanos que querem ter acesso à Justiça.

Como vivemos num mundo atingido pelo vírus da estatística, devemos considerar a importância da Justiça do Trabalho como fonte de arrecadação. De janeiro a maio de 2017, as 24 regiões trabalhistas brasileiras arrecadaram para os cofres públicos R$ 12.894.245,05, referentes a custas, emolumentos, contribuições previdenciárias e Imposto sobre a Renda, e, no mesmo período, receberam um total de 415.557 processos, um aumento de 8,9% em relação ao mesmo período do ano passado quando foram recebidos 381.766 processos[34], atendidos, no 1º grau, por 1.564 Varas do Trabalho.

Segundo o Conselho Nacional de Justiça, o assunto mais recorrente na Justiça brasileira que é examinado pela Justiça do Trabalho é o que trata de rescisão contratual e pagamento de verbas rescisórias, temas que somaram quase cinco milhões de ações em 2015[35].

Acreditamos que esses poucos dados servem para demonstrar a importância da Justiça do Trabalho, que, apesar disso, tem sido objeto de inúmeras críticas, algumas razoáveis, outras desprovidas de qualquer azo de verdade.

Tem sido muito comentado que, com as novas regras trabalhistas, a Justiça do Trabalho irá gradualmente perdendo sua importância e sua necessidade.

É certo que toda mudança causa transtorno e dificuldade iniciais. Precisamos fazer ajustes e reajustes. Rever entendimentos. Compreender a realidade do mundo daqui e do mundo lá fora. No Direito do Trabalho, muita coisa mudou e novos institutos surgiram. A própria noção de subordinação foi modificada. As formas de contratação ganharam outro viés.

O Poder Judiciário não pode, então, ficar alheio a essas alterações comportamentais, donde precisamos reavaliar o entendimento que temos das coisas e dos institutos que temos que gerir.

Devemos admitir que, dentre outras medidas, os magistrados trabalhistas precisam repensar seu nível de compreensão com a realidade. Afinal, o que mais importa para o trabalhador: ter garantida a sua subsistência com dignidade, ou ingressar no mundo marginal e acabar com o mínimo de felicidade que poderia ter para si e sua família?

É imperioso admitir que os juízes do trabalho precisam reavaliar seu entendimento, devem se alinhar com a realidade do mundo exterior, necessitam assumir uma postura mais moderna, considerando a irrefreável tendência do mercado mundial. São aspectos extremamente complexos e que temos grande dificuldade em admitir, compreender e aceitar.

Por outro lado, os dados estatísticos referidos antes preocupam a todos. E a Justiça do Trabalho precisa lançar seu olhar também sobre esses aspectos. Quem sente a dor do calo no sapato apertado são, cada qual a sua maneira, o empregado e o patrão. Ninguém tem o direito de ficar no lugar de nenhum deles.

A representação classista, tão criticada por perder suas características originais, tornou-se um fardo demasiadamente oneroso para o Estado, deixou de existir e, com ela, a aproximação do magistrado togado dos parceiros sociais. Os fatos ficaram mais distantes do juiz.

A Justiça do Trabalho era uma justiça simples, rápida, desburocratizada. Seu processo era ligeiro, célere. Numa única assentada de audiência resolvia-se a pendência. Predominava

(34) Movimentação processual — Tribunais Regionais do Trabalho. Disponível em: <http://www.tst.jus.br/documents/10157/6dc49263-8903-97cb-797e-88ea10fb210e>. Acesso em: 29 jun. 2017.

(35) Cf. *Justiça em números 2016*. Disponível em: <http://www.cnj.jus.br/files/conteudo/arquivo/2016/10/b8f46be3dbbff344931a933579915488.pdf>. Acesso em: 29 jun. 2017.

a oralidade, a concentração e a simplicidade. Em poucos meses, os recursos interpostos tinham percorrido todas as instâncias e iniciava-se uma execução sem dificuldades.

A agilidade trabalhista foi copiada pelos Juizados Especiais. Todos os vícios e males do processo civil, antes mera fonte subsidiária e pouca usada na Justiça do Trabalho, passaram a incorporar-se ao seu dia a dia. O criador (a Justiça do Trabalho) acabou engolido pela criatura representado especialmente pelos juizados especiais e muitas normas do novo processo civil. Não se pedem mais as parcelas comuns (aviso-prévio, férias, 13º salário), inova-se com postulações complexas, buscando tirar mais alguma coisa do patronato. Este, a seu turno, não apresenta defesa direta, deve ou não deve, fez ou não fez. Nada disso. Desenvolve longo arrazoado, repleto de citações tipo *control C; control V*, suscita defesas indiretas, argui preliminares, requer provas de difícil produção. O simples virou complexo e o rápido passou a ser lento. É a cara da Justiça do Trabalho de agora, que carece, urgentemente, de um código de processo do trabalho a fim de que seja definitivamente mandado às estantes o código de processo civil, e que o art. 769 da CLT volte a ser lido com o mesmo espírito com que foi inserido no texto consolidado em 1943: fonte subsidiária, supletiva, inferior, menor.

Fruto das dificuldades propostas para a Justiça do Trabalho atualmente, com essas novas regras que não são originalmente suas, serão fortificados os mecanismos extrajudiciais de solução de conflitos, como a mediação e a arbitragem, inclusive individual que, a nosso ver, nunca foi proibida.

As demandas trabalhistas terão, num primeiro momento, seu número elevado. Após, haverá uma retração. E, por fim, acalmados os ânimos, as ações serão ajuizadas com mais cautela por ambos os lados, considerando, inclusive, os dispositivos sobre dano patrimonial, os que envolvem a litigância de má-fé, e os honorários de sucumbência, que farão repensar o ajuizamento de lides verdadeiramente temerárias que, dia a dia, se avolumam nas Varas do Trabalho e nos tribunais, e que transformaram institutos sérios, como o do dano moral (o extrapatrimonial), em fonte inesgotável de ações, muitas absolutamente despropositadas.

É importante destacar este aspecto: exigência de postura ética dos litigantes. Os dados estatísticos revelam a elevação gradual das demandas. Por que isso ocorria? Três fatores, pelo menos: 1) pedidos sem qualquer espécie de fundamentação razoável; 2) concessão de gratuidade sem critérios mais rígidos; 3) inexistência de condenação em honorários de sucumbência do vencido ainda que parcial. A regra, antes da reforma de 2017 era: "não importa o absurdo do pedido; perder não custa nada". E tanto é verdade que é de todos sabido que existem petições iniciais que o rol de postulações supera as letras do alfabeto (de A a Z e depois AA, BB, CC, e por aí vai). Aos nobres advogados caberá a observância rigorosa das postulações para evitar que seus clientes (os trabalhadores) incorram em condenações ao pagamento de honorários sucumbências, justamente pela incúria nos pedidos formulados. Trata-se, ao cabo, de aplicar a regra contida no art. 5º do CPC. Todo cuidado e toda cautela, então, são recomendáveis.

Juízes e advogados, que são peças indispensáveis à boa justiça, necessitam, cada qual na sua área de atuação, agir com prudência. Assim, avaliando os fatos, numa perspectiva mais moderna do direito, sem descurar dos princípios basilares do Direito do Trabalho contemporâneo, que importa, necessariamente, na compreensão da realidade socioeconômica mundial, irão, nos seus respectivos territórios, fazer com que a Justiça do Trabalho continue a ser o principal instrumento de controle da paz social no Brasil.

Ao decidir, o juiz deverá, no nosso entendimento, avaliar profundamente os efeitos de seu provimento, a fim de, resolvendo uma questão individual, não danificar toda a estrutura de um empreendimento e, com isso, causar danos à sociedade e ao bem comum. Cabe aos magistrados agir sempre com o olhar lançado aos arts. 5º da LINDB, e 8º, *caput*, da CLT: sempre o interesse coletivo, comum, público deve prevalecer sobre o individual.

É uma nova tarefa que o futuro aponta para a Justiça do Trabalho em nosso país. E nada de atitudes extremas que não levam a lugar bom algum. Afinal, todo excesso é condenável.

Alain Supiot destaca que o mundo hoje vive em busca de *regulação* e não de *regulamentação*[36]. Isto é o que foi feito no Brasil agora. Serão os interlocutores sociais os responsáveis por essa regulamentação. O mínimo está garantido pela regulação estatal, sobretudo pelas regras constitucionalmente consagradas.

O importante neste momento, então, é fortalecer os sindicatos e os trabalhadores devem ter consciência disso. As normas negociadas somente não irão ser prejudiciais se os sindicatos foram atuantes e os trabalhadores são os responsáveis por tudo isso.

Lamentavelmente, a Lei n. 13.467/17 é uma criação açodada demais. Surgiu de um mini-projeto e se transformou em uma maxi-reforma. Os interlocutores sociais não foram ouvidos. As principais instituições de estudo do Direito do Trabalho sequer foram chamadas a opinar. A Medida Provisória n. 808/17 seguiu o mesmo caminho. Agora, resta recolher as sobras e tentar reconstruir tudo, sobretudo o fortalecimento dos sindicatos de trabalhadores que precisam assumir seu papel altamente responsável, e a Justiça do Trabalho, que deverá, reavaliando-se, adaptar-se ao mundo moderno das relações de trabalho.

Com efeito, mudados os paradigmas, os sindicatos passarão a viver a sua fase de mais importância: não serão fonte de arrecadação do Estado, nem seus dirigentes representarão postuladores de vagas de funções públicas. Estes serão os representantes dos interesses e dos direitos dos trabalhadores, mister que deverão desenvolver com extrema eficiência, tendo a garantia do seu próprio emprego como a mola propulsora da sua correta atividade.

Ninguém pensa que, debalde os atropelos dessa reforma, ela não sairia. Seria aprovada e sancionada, sim. E sê-lo-ia em qualquer situação e qualquer circunstância, pouco importando as ideologias que eventualmente ocupassem o poder. É o resultado de uma evolução da humanidade e fruto dessa globalização meio desordenada que estamos vivendo. Nós estamos assistindo e participando ativamente da mudança de uma fase da vida do mundo, onde o papel de entidades associativas ganha destaque indiscutível. Enfim, acabou o tempo do Estado paternal. Agora é a hora do sindicato dinâmico.

As dificuldades com a reforma das leis trabalhistas não devem ser motivo de desesperança nem de sentirmos que está ruindo o edifício da democracia e que a classe patronal será a opressora e os trabalhadores estão retornando à senzala.

---

(36) SUPIOT, Alain. *Crítica do direito do trabalho*. Trad. António Monteiro Fernandes. Lisboa: Fundação Calouste Gulbenkian, 2016. p. XVIII.

Devemos ter firme esperança de que esses percalços serão todos superados, e o mundo do trabalho será de paz e felicidade para todos. O *nosso* futuro será de permanente construção de dias melhores para as gerações que hão de vir.

Principais Obras do Autor

De autoria exclusiva

1. *Direito do Mar*. Belém, Imprensa Oficial do Estado do Pará, 1974 (esgotado).
2. *A proteção internacional aos direitos humanos*. Belém: Imprensa Oficial do Estado do Pará, 1975 (esgotado).
3. *O Pacto Amazônico: ideias e conceitos*. Belém: Falângola, 1979 (esgotado).
4. *Imunidade de jurisdição trabalhista dos entes de Direito Internacional Público* (Prêmio "Oscar Saraiva" do Tribunal Superior do Trabalho). São Paulo: LTr, 1986 (esgotado).
5. *Na vivência do Direito Internacional*. Belém: Cejup, 1987 (esgotado).
6. *Na Academia: imortal por destino. Mosaico cultural* (em colaboração). Belém: Falângola, 1987 (esgotado).
7. *Guia prático do trabalho doméstico*. Belém: Cejup, 1989 (esgotado).
8. *A arbitragem e os conflitos coletivos de trabalho no Brasil*. São Paulo: LTr, 1990 (esgotado).
9. *Liberdade sindical e direito de greve no direito comparado (lineamentos)*. São Paulo: LTr, 1992.
10. *Relações de trabalho na Pan-Amazônia: a circulação de trabalhadores* (Tese de Doutorado na Faculdade de Direito da Universidade de São Paulo). São Paulo: LTr, 1996.
11. *A nova lei de arbitragem e as relações de trabalho*. São Paulo: LTr, 1997.
12. *Globalização & desemprego: mudanças nas relações de trabalho*. São Paulo: LTr, 1998.
13. *Direito do Trabalho no STF (1)*. São Paulo: LTr, 1998.
14. *Competência Internacional da Justiça do Trabalho*. São Paulo: LTr, 1998.
15. *O servidor público e a reforma administrativa*. São Paulo: LTr, 1998.
16. *Direito do Trabalho no STF (2)*. São Paulo: LTr, 1999.
17. *Tratados internacionais*. São Paulo: LTr, 1999.
18. *Direito do Trabalho no STF (3)*. São Paulo: LTr, 2000.
19. *Globalização do trabalho: rua sem saída*. São Paulo: LTr, 2001.
20. *Direito do Trabalho no STF (4)*. São Paulo: LTr, 2001.
21. *Direito do Trabalho no STF (5)*. São Paulo: LTr, 2002.
22. *Direito do Trabalho no STF (6)*. São Paulo: LTr, 2003.
23. *Direito do Trabalho no STF* (7). São Paulo: LTr, 2004.
24. *Ética, Direito & Justiça*. São Paulo: LTr, 2004.
25. *Direito do Trabalho no STF (8)*. São Paulo: LTr, 2005.

26. *Direito do Trabalho no STF (9)*. São Paulo: LTr, 2006.
27. *Trabalho na Amazônia: a questão dos migrantes*. Belém, Unama, 2006.
28. *Direito do Trabalho no STF (10)*. São Paulo: LTr, 2007.
29. *Direito do Trabalho no STF (11)*. São Paulo: LTr, 2008.
30. *Direito do Trabalho no STF (12)*. São Paulo: LTr, 2009.
31. *Avaliando o Direito do Trabalho*. São Paulo: LTr, 2010.
32. *Direito do Trabalho no STF (13)*. São Paulo: LTr, 2010.
33. *Direito do Trabalho no STF (14)*. São Paulo: LTr, 2011.
34. *Direito do Trabalho no STF (15)*. São Paulo: LTr, 2012.
35. *Direito do Trabalho no STF (16)*. São Paulo: LTr, 2013.
36. *Direito do Trabalho no STF (17)*. São Paulo: LTr, 2014.
37. *Curso de Direito do Trabalho*. 1. ed., São Paulo: LTr, 2015.
38. *Direito do Trabalho no STF* (18). São Paulo, LTr, 2015.
39. *Curso de Direito do Trabalho*. 2. ed. São Paulo: LTr, 2016.
40. *Direito do Trabalho no STF* (19). São Paulo: LTr, 2016.
41. *Intimidade e privacidade do trabalhador (Direito Internacional e Comparado)*. São Paulo: LTr, 2016.
42. *Direito do Trabalho no STF (20)*. São Paulo: LTr, 2017.
43. *Curso de Direito do Trabalho*. 3. ed. São Paulo: LTr, 2017.
44. *Reforma trabalhista em pontos*. São Paulo: LTr, 2018.
45. *Curso de Direito do Trabalho*. 4. ed. São Paulo: LTr, 2018.
46. *Direito do Trabalho no STF (21)*. São Paulo: LTr, 2018.

Obras coordenadas

1. *Direito do trabalho e a nova ordem constitucional*. São Paulo: LTr, 1991. Da distinção entre atos de império e de gestão e seus reflexos sobre os contratos de trabalho celebrados com entes de Direito Internacional Público. p. 29-54
2. *Curso de direito coletivo do trabalho (Estudos em homenagem ao Ministro Orlando Teixeira da Costa)*. São Paulo: LTr, 1998. Negociação coletiva transnacional. p. 291-307 – ISBN 85-7322-366-9
3. *Presente e futuro das relações de trabalho (Estudos em homenagem ao Prof. Roberto Araújo de Oliveira Santos)*. São Paulo: LTr, 2000. *Globalização, a Amazônia e as relações de trabalho*. p. 242-257 – ISBN 857322858X
4. *Direito e processo do trabalho em transformação* (em conjunto com os Ministros Ives Gandra da Silva Martins Filho e Maria Cristina Irigoyen Peduzzi e os Drs. Ney Prado e Simone Lahorgue Nunes). São Paulo: Campus/Elsevier, 2007. *Relações de trabalho passíveis de apreciação pela Justiça do Trabalho*. p. 145-155. ISBN 978-85-352-2432-0
5. *Trabalho da mulher (Estudos em homenagem a jurista Alice Monteiro de Barros)*. São Paulo: LTr, 2009. *Contratos de trabalho por prazo determinado. A garantia do emprego da gestante*, p. 177-184. ISBN 978-85-361-1364.7
6. *Temas atuais de direito*. Rio de Janeiro: GZ, 2013. *Deslocalização interna e internacional*, p. 29-38. ISBN 978-85-62027-21-5

7. *As lendas da Amazônia e o Direito.* Rio de Janeiro: GZ, 2014. *Prefácio explicativo.* p. VII-VIII; *Lendas, mitos, fábulas e contos populares*, p. 1-3. ISBN 978-85-62027-39-0

8. *Temas atuais de direito (volume II).* Rio de Janeiro: GZ, 2014. *Danos ao trabalho e necessidade de reparação.* p. 77-96. ISBN 978-85-62027-54-3

9. *Direito Internacional do Trabalho. O estado da arte sobre a aplicação das convenções internacionais da OIT no Brasil* (coorganizador: Valério de Oliveira Mazzuoli). São Paulo: LTr, 2016. Incorporação e aplicação das convenções internacionais da OIT no Brasil, p. 15-23 (coautoria: Valério de Oliveira Mazzuoli). ISBN 978-85-361-8711-2

Obras em coautoria

1. *Estudos de direito do trabalho (homenagem ao Prof. Júlio Malhadas)* (Coordenação: Profª Anna Maria de Toledo Coelho). Curitiba: Juruá, 1992. *Imunidade das organizações internacionais. Um aspecto da competência internacional da Justiça do Trabalho.* p. 294-303, sem ISBN

2. *Processo do trabalho (homenagem ao Prof. José Augusto Rodrigues Pinto)* (Coordenação: Dr. Rodolfo Pamplona Filho). São Paulo: LTr, 1997. *A nova sistemática do agravo de petição.* p. 369-378 – ISBN 85-7322-305-7

3. *Estudos de direito do trabalho e processo do trabalho (homenagem ao Prof. J. L. Ferreira Prunes)* (Coordenação: Drs. Juraci Galvão Júnior e Gelson de Azevedo). São Paulo: LTr, 1998. *O princípio da dupla imunidade e a execução do julgado contrário a ente de Direito Internacional Público.* p. 80-92 ISBN 85-3722-385-5

4. *Manual de direito do trabalho (homenagem ao Prof. Cássio Mesquita Barros Júnior)* (Coordenação: Dr. Bento Herculano Duarte Neto). São Paulo: LTr, 1998. *Suspensão do Trabalho – Suspensão e interrupção.* p. 325-336 – ISBN 85-7322-380-4

5. *Direito internacional no Terceiro Milênio (homenagem ao Prof. Vicente Marotta Rangel)* (Coordenação: Profs. Luiz Olavo Baptista e J. R. Franco da Fonseca). São Paulo: LTr, 1998. *Considerações acerca da Convenção Internacional sobre a Proteção do Trabalhador Migrante.* p. 653-665 – ISBN 85-7322-417-7

6. *Direito do Trabalho (homenagem ao Prof. Luiz de Pinho Pedreira da Silva)* (Coordenação: Drs. Lélia Guimarães Carvalho Ribeiro e Rodolfo Pamplona Filho). São Paulo: LTr, 1998. *Importância do direito internacional para o direito do trabalho.* p. 71-77 – ISBN 85-7233-545-9

7. *Estudos de Direito (homenagem ao Prof. Washington Luiz da Trindade)* (Coordenação: Drs. Antônio Carlos de Oliveira e Rodolfo Pamplona Filho). São Paulo: LTr, 1998. *Imunidade de jurisdição dos entes de direito público externo.* p. 448-455 – ISBN 85-7322-539-4

8. *Direito sindical brasileiro (homenagem ao Prof. Arion Sayão Romita)* (Coordenação: Dr. Ney Prado). São Paulo: LTr, 1998. *Contribuições sindicais e liberdade sindical.* p. 144-152 – ISBN 85-7322-543-2

9. *Ordem econômica e social (homenagem ao Prof. Ary Brandão de Oliveira)* (Coordenação: Dr. Fernando Facury Scaff). São Paulo: LTr, 1999. *Trabalho infantil.* p. 139-143 – ISBN 85-7322-632-3

10. *Fundamentos do direito do trabalho(homenagem ao Ministro Milton de Moura França)* (Coordenação: Drs. Francisco Alberto da Motta Peixoto Giordani, Melchíades Rodrigues Martins e Tárcio José Vidotti). São Paulo: LTr, 2000. *Unicidade, unidade e pluralidade sindical. Uma visão do Mercosul.* p. 122-130 – ISBN 85-7322-857-1

11. *Temas relevantes de direito material e processual do trabalho (homenagem ao Prof. Pedro Paulo Teixeira Manus)* (Coordenação: Drs. Carla Teresa Martins Romar e Otávio Augusto Reis de Sousa). São Paulo: LTr, 2000. *Execução da sentença estrangeira.* p. 66-73 – ISBN 85-7322-883-0

12. *Os novos paradigmas do Direito do Trabalho (homenagem ao Prof. Valentin Carrion)* (Coordenação: Drª Rita Maria Silvestre e Prof. Amauri Mascaro Nascimento). São Paulo: Saraiva, 2001. *A legislação trabalhista e os convênios coletivos.* p. 281-287 – ISBN 85-02-03337-9

13. *O direito do trabalho na sociedade contemporânea* (Coordenação: Dras. Yone Frediani e Jane Granzoto Torres da Silva). São Paulo: Jurídica Brasileira, 2001. *A arbitragem no direito do trabalho*. p. 140-148 – ISBN 85-8627-195-0

14. *Estudos de direito constitucional (homenagem ao Prof. Paulo Bonavides)* (Coordenação: Dr. José Ronald Cavalcante Soares). São Paulo: LTr, 2001. *Identificação dos direitos humanos*. p. 119-126 – ISBN 85-361-163-6

15. *O direito do trabalho na sociedade contemporânea (II)* (Coordenação: Profa. Yone Frediani). São Paulo: Jurídica Brasileira, 2003. *A Convenção n. 132 da OIT e seus reflexos nas férias*. p. 66-73 – ISBN 85-7538-026-5

16. *Constitucionalismo social (homenagem ao Ministro Marco Aurélio Mendes de Farias Mello)* (Coordenação: EMATRA-2ª). São Paulo: LTr, 2003. *Os tratados internacionais e a Constituição de 1988*. p. 171-180 – ISBN 85-3610-394-9

17. *Recursos trabalhistas (homenagem ao Ministro Vantuil Abdala)* (Coordenação: Drs. Armando Casimiro Costa e Irany Ferrari). São Paulo: LTr, 2003. *Recurso extraordinário*. p. 55-65 – ISBN 85-3610-491-0

18. *Relações de Direito Coletivo Brasil-Itália* (Coordenação: Yone Frediani e Domingos Sávio Zainaghi). São Paulo: LTr, 2004. *Organização sindical*. p. 175-180 – ISBN 85-3610-523-2

19. *As novas faces do direito do trabalho (em homenagem a Gilberto Gomes)* (Coordenação: *João Alves Neto)*. Salvador: Quarteto, 2006. *O triênio de atividade jurídica e a Resolução n. 11 do CNJ*. p. 143-155 – ISBN 85-8724-363-2

20. *Curso de Direito Processual do Trabalho (em homenagem ao Ministro Pedro Paulo Teixeira Manus, do Tribunal Superior do Trabalho)* (Coordenação: Hamilton Bueno). São Paulo: LTr, 2008 *Recursos trabalhistas* p. 205-215 – ISBN 97-8853-6111-21

21. *Jurisdição – crise, efetividade e plenitude institucional (volume 2)* (Coordenação: Luiz Eduardo Günther). Curitiba: Juruá, 2009. *Das imunidades de jurisdição e de execução nas questões trabalhistas*. p. 491-501 – ISBN 978-85-362-275-9

22. *Direito internacional: estudos em homenagem a Adherbal Meira Mattos* (Coordenação: Paulo Borba Casella e André de Carvalho Ramos). São Paulo: Quartier Latin, 2009. *Os tratados sobre direitos humanos e a regra do art. 5º, § 3º, da Constituição do Brasil*. p. 523-532 – ISBN 85-7674-423-6

23. *Meio ambiente do trabalho* (Coordenação: Elida Seguin e Guilherme José Purvin de Figueiredo). Rio de Janeiro: GZ Ed., 2010. *Atuação da OIT no meio ambiente do trabalho; a Convenção n. 155*. p. 199-207 – ISBN 978-85-624-9048-4

24. *Jurisdição – crise, efetividade e plenitude institucional (volume 3)* (Coordenação: Luiz Eduardo Günther, Willians Franklin Lira dos Santos e Noeli Gonçalves Gunther). Curitiba: Juruá, 2010. *Prisão do depositário infiel na Justiça do Trabalho*. p. 529-540 – ISBN 978-85-362-3197-6

25. *Contemporaneidade e trabalho (aspectos materiais e processuais; estudos em homenagem aos 30 anos da Amatra 8)* (Coordenação: Gabriel Velloso e Ney Maranhão). São Paulo: LTr, 2011. *Direito social ao lazer: entretenimento e desportos*. p. 17-23 -ISBN 878-85-361-1640-2

26. *Atualidades do direito do trabalho (anais da Academia Nacional de Direito do Trabalho)* (Coordenação: Nelson Mannrich *et alii*). São Paulo: LTr, 2011. *O problema das prestadoras de serviço para financeiras e grupos econômicos bancários*. p. 229-233 – ISBN 978-85-361-2108-6

27. *Dicionário Brasileiro de Direito do Trabalho* (Coordenação: José Augusto Rodrigues Pinto, Luciano Martinez e Nelson Mannrich). São Paulo: LTr, 2013. Verbetes: *Adicional de penosidade, Auxílio--alimentação, Aviamento, Cônsul, Contrato de trabalho em tempo parcial, Contrato internacional*

de trabalho, Deslocalização, Direito ao lazer, Direito à felicidade, Direito comparado, Entes de direito internacional público externo, Estrangeiro, Licença-paternidade, Licença-prêmio, Missão diplomática, Missão especial, Organismo internacional, Paternidade, Pejotização, Penosidade, Quarteirização, Repartição consular, Representação comercial estrangeira, Representante diplomático, Salário retido, Serviço militar obrigatório, Termo prefixado, Trabalho em tempo integral, Trabalho em tempo parcial, Trabalho no exterior, Tratado internacional, Vale-transporte. ISBN: 978 -85-381-2589-3

28. *Conciliação: um caminho para a paz social* (Coordenação: Luiz Eduardo Gunther e Rosemarie Diedrichs Pimpão). Curitiba: Juruá, 2013. *A arbitragem nas relações de trabalho.* p. 457-465. ISBN: 978-85-362-4056-5

29. *Estudos aprofundados Magistratura Trabalhista* (Coordenação: Élisson Miessa e Henrique Correia). Salvador: Juspodivm, 2013. *Globalização... E depois???.* p. 115-123 – ISBN 857-76-1688-6

30. 25 anos da Constituição e o Direito do Trabalho (Coodenação: Luiz Eduardo Gunther e Silva Souza Netto Mandalozzo). Curitiba: Juruá, 2013. *Sindacalismo no Brasil*, p. 237-250 – ISBN 978-85-362-4460-0

31. *Direitos fundamentais: questões contemporâneas* (Organização: Frederico Antônio Lima de Oliveira e Jeferson Antônio Fernandes Bacelar). Rio de Janeiro: GZ, 2014. *O direito social à felicidade*, p. 141-155 – ISBN 978-85-62027-44-4

32. *Estudos aprofundados Magistratura Trabalhista* (volume 2)Coordenação: Élisson Miessa e Henrique Correia). Salvador: Juspodivm, 2014. *Deslocalização interna e internacional.* p. 187-197 – ISBN 854-42-0028-1

33. *Os desafios jurídicos do século XXI: em homenagem aos 40 anos do curso de direito da UNAMA.* (Coordenação: Cristina Sílvia Alves Lourenço, Frederico Antonio Lima Oliveira e Ricardo Augusto Dias da Silva). São Paulo: PerSe, 2014. *Recortes de um mundo globalizado*, p. 142-150 – ISBN 978-85-8196-820-9

34. *Ética e direitos fundamentais (estudos em memória do Prof. Washington Luís Cardoso da Silva).* Rio de Janeiro, LMJ Mundo Jurídico, 2014. *Refúgios e refugiados climáticos*, p. 137-143 – ISBN 978-85-62027-57-4

35. *Doutrinas essenciais dano moral (Vol. I – Teoria do dano moral e direitos da personalidade).* (Organizador: Rui Stoco). São Paulo: Revista dos Tribunais, 2015. *O direito de imagem e o novo Código Civil*, p. 315-328 – ISBN 978-85-203-6180-1

36. *Doutrinas essenciais dano moral (Vol. IV – Questões diversas sobre dano moral).* (Organizador: Rui Stoco). São Paulo: Revista dos Tribunais, 2015. *A prescrição do dano moral trabalhista*, p. 999-1012 – ISBN 978-85-203-6183-2

37. *Estudos aprofundados da Magistratura Trabalhista* (volume 2)Coordenação: Élisson Miessa e Henrique Correia). 2. ed. Salvador: Juspodivm, 2015. *Globalização... e depois?.* p. 107-114; e, *A Emenda Constitucional n. 81/2014 e trabalho forçado no Brasil.* p. 363-375 – ISBN 978-85-442-0527-3

38. *Direito ambiental do trabalho. Apontamentos para uma teoria geral (vol. 2)* (Coordenadores: Guilherme Guimarães Feliciano, João Urias, Ney Maranhão e Valdete Souto Severo). São Paulo: LTr, 2015. *Greve ambiental trabalhista*, p. 203-209 – ISBN 978-85-361-8600-9

39. *Principiologia (estudos em homenagem ao centenário de Luiz de Pinho Pedreira da Silva)* (Coordenadores: Rodolfo Pamplona Filho e José Augusto Rodrigues Pinto). São Paulo: LTr, 2016. *Princípios de Direito Internacional do Trabalho*, p. 99-104 – ISBN 978-85-361-8998-7

40. *Direitos humanos e meio ambiente do trabalho* (Coordenação: Luiz Eduardo Gunther e Rúbia Zanotelli de Alvarenga). São Paulo: LTr, 2016. *Greve ambiental trabalhista*, p. 51-55 – ISBN 978-85-361-8827.0

41. *Ciência e interpretação do direito (homenagem a Daniel Coelho de Souza).* (Coordenadores: Zeno Veloso, Frederico A. L. Oliveira e Jeferson A. F. Bacelar). Rio de Janeiro: Lumen Juris, 2016. *Legitimidade das centrais sindicais,* p. 197-209 – ISBN 978-85-8440-836-8

42. *Direitos humanos dos trabalhadores* (Organizadora: Rúbia Zanotelli de Alvarenga). São Paulo: LTr, 2016. *Direitos humanos dos trabalhadores,* p. 17-24 – ISBN 978-85-361-9051-8

43. *Terceirização de Serviços e direitos sociais trabalhistas* (Organizadores: Gustavo Felipe Barbosa Garcia e Rúbia Zanotelli de Alvarenga). São Paulo, LTr, 2017. Quarteirização, p. 21-24 – ISBN 978-85-361-9138-6

44. *O mundo do trabalho no contexto das reformas* (Coordenadores: Ney Maranhão e Pedro Tourinho Tupinambá). São Paulo, LTr, 2017. *Reforma trabalhista: o futuro do trabalho, do Direito do Trabalho e da Justiça do Trabalho,* p. 9-15 – ISBN 978-85-361-9417-2

45. *Reforma trabalhista (novos rumos do Direito do Trabalho e do Direito Processual do Trabalho)* (Coordenadores: Carlos Arthur Figueiredo, Flávio Costa, Francisco Noronha e Sérgio Queiroz). São Paulo: LTr, 2018. *Trabalho intermitente,* p. 100-104 – ISBN 978-85-361-9673-2

Prefácios/Apresentações

1. *Limites do jus variandi do empregador,* da Profª Simone Crüxen Gonçalves, do Rio Grande do Sul (São Paulo, LTr, 1997)

2. *Poderes do juiz do trabalho: direção e protecionismo processual,* do Juiz do Trabalho da 21ª Região Bento Herculano Duarte Neto, do Rio Grande do Norte (São Paulo: LTr, 1999)

3. *O Direito do Trabalho na sociedade moderna* (obra póstuma), do Ministro Orlando Teixeira da Costa, do Tribunal Superior do Trabalho, de Brasília (São Paulo: LTr, 1999)

4. *Direito Sindical,* do Procurador do Trabalho José Cláudio Monteiro de Brito Filho, do Pará (São Paulo: LTr, 2000)

5. *As convenções da OIT e o Mercosul,* do Professor Marcelo Kümmel, do Rio Grande do Sul (São Paulo: LTr, 2001)

6. *O direito à educação e as Constituições brasileiras,* da Professora Eliana de Souza Franco Teixeira, do Pará (Belém: Grapel, 2001)

7. *Energia elétrica: suspensão de fornecimento,* dos Professores Raul Luiz Ferraz Filho e Maria do Socorro Patello de Moraes, do Pará (São Paulo: LTr, 2002)

8. *Discriminação no trabalho,* do Procurador do Trabalho José Cláudio Monteiro de Brito Filho, do Pará (São Paulo: LTr, 2002)

9. *Discriminação estética e contrato de trabalho,* da Professora Christiane Marques, de São Paulo (São Paulo: LTr, 2002)

10. *O poeta e seu canto,* do Professor Clóvis Silva de Moraes Rego, ex-Governador do Estado do Pará (Belém, 2003)

11. *O direito ao trabalho da pessoa portadora de deficiência e o princípio constitucional da igualdade,* do Juiz do Trabalho da 11ª Região Sandro Nahmias Mello, do Amazonas (São Paulo: LTr, 2004)

12. *A prova ilícita no processo do trabalho,* do Juiz Togado do TRT da 8ª Região Luiz José de Jesus Ribeiro, do Pará (São Paulo: LTr, 2004)

13. *Licença maternidade à mãe adotante: aspectos constitucionais,* do Juíza Togada do TRT da 2ª Região e Professora Yone Frediani, de São Paulo (São Paulo: LTr, 2004)

14. *Ventos mergulhantes,* do poeta paraense Romeu Ferreira dos Santos Neto (Belém: Pakatatu, 2007)

15. *Direito Sindical, 2ª edição*, do Procurador do Trabalho da 8ª Região, Prof. Dr. José Claudio Monteiro de Brito Filho (São Paulo: LTr, 2007)
16. *A proteção ao trabalho penoso*, da Profa. Christiani Marques, da PUC de São Paulo (São Paulo: LTr, 2007)
17. *Regime próprio da Previdência Social*, da Dra. Maria Lúcia Miranda Alvares, Assessora Jurídica do TRT da 8ª Região (São Paulo: Editora NDJ, 2007)
18. *Meninas domésticas, infâncias destruídas*, da Juíza do Trabalho da 8ª Região e Profa. Maria Zuíla Lima Dutra (São Paulo: LTr, 2007)
19. *Curso de Direito Processual do Trabalho (em homenagem ao Ministro Pedro Paulo Teixeira Manus, do Tribunal Superior do Trabalho)*(Coordenação: Hamilton Bueno). São Paulo: LTr, 2008
20. *Competências constitucionais ambientais e a proteção da Amazônia*, da Profa. Dra. Luzia do Socorro Silva dos Santos, Juiza de Direito do Pará e Professor da Unama (Belém: Unama, 2009)
21. *Extrajudicialização dos Conflitos de Trabalho*, do Prof. Fábio Túlio Barroso, da Universidade Federal de Pernambuco (São Paulo: LTr, 2010)
22. *Polêmicas trabalhistas*, de Alexei Almeida Chapper, Advogado no Estado do Rio Grande do Sul (São Paulo: LTr, 2010)
23. *Teoria da prescrição das contribuições sociais da decisão judicial trabalhista*, do Juiz do Trabalho da 8ª Região Océlio de Jesus Carneiro Morais (São Paulo: LTr, 2013)
24. *Estudos de direitos fundamentais*, obra coletiva organizada pela Profª Andreza do Socorro Pantoja de Oliveira Smith (São Paulo: Perse, 2013)
25. *Direito e processo do trabalho contemporâneos*, do Prof. Gustavo Felipe Barbosa Garcia (São Paulo: LTr, 2016)
26. *Direitos humanos dos trabalhadores*, obra coletiva organizada pela Profa. Rúbia Zanotelli de Alvarenga (São Paulo: LTr, 2016)
27. *Direito sindical*, do Prof. José Claudio Monteiro de Brito Filho (6ª ed. São Paulo: LTr, 2017)
28. Terceirização de Serviços e direitos sociais trabalhistas, obra coletiva organizada pelos Profs. Gustavo Felipe Barbosa Garcia e Rúbia Zanotelli de Alvarenga (São Paulo: LTr, 2017)
29. *Reforma trabalhista (análise comparativa e crítica da Lei n. 13.467/2017)*, dos Juízes do Trabalho Antônio Umberto de Souza Júnior (10ª Região), Fabiano Coelho de Souza (18ª Região), Ney Stany Morais Maranhão (8ª Região) e Platon Teixeira da Azevedo Neto (18ª Região). (São Paulo: Rideel, 2017)
30. *Direito à desconexão do trabalho*, do Juiz do Trabalho e Professor Sandro Nahmias Mello (11ª Região) e da Dra. Karen Rosendo de Almeida Leite Rodrigues. São Paulo: LTr, 2018.
31. *Direito sindical*, do Prof. José Claudio Monteiro de Brito Filho (7ª ed. São Paulo: LTr, 2018).